타임라인 경제교실

세계사로 읽는 재미있는 경제 이야기

초판 1쇄 펴낸날 2023년 10월 30일
초판 2쇄 펴낸날 2024년 7월 25일

지은이 태지원
펴낸이 이건복
펴낸곳 도서출판 동녘

편집 이정신 이지원 김혜윤 홍주은
디자인 김태호
마케팅 임세현
관리 서숙희 이주원

등록 제 311-1980-01호 1980년 3월 25일
주소 (10881) 경기도 파주시 회동길 77-26
전화 영업 031-955-3000 편집 031-955-3005 **전송** 031-955-3009
홈페이지 www.dongnyok.com **전자우편** editor@dongnyok.com
페이스북 · 인스타그램 @dongnyokpub
인쇄 새한문화사 **라미네이팅** 북웨어 **종이** 한서지업사

ISBN 978-89-7297-108-5 (43320)

태지원 지음

타임라인 경제교실

세계사로 읽는 재미있는 경제 이야기

동녘

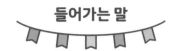

들어가는 말

경제와 역사는
어떻게 만날 수 있을까요?

튤립 뿌리 하나가 집 한 채 값에 맞먹는 시기가 있었습니다. 소금이 금보다 비싸고 귀하던 시절도, 빵 하나의 값이 며칠 사이에 수백 배 이상 뛰어오르던 때도 있었습니다. 언뜻 믿기 어려운 얘기 같지만, 모두 세계 역사 속에 등장했던 장면들입니다. 그리고 이 역사 속 장면들 배경에는 '경제 이야기'가 숨겨져 있습니다. 거품 경제나 희소성, 하이퍼인플레이션 등 몇 가지 개념을 알게 되면 앞서 말한 역사적 장면을 쉽게 이해할 수 있지요.

경제를 다가가기 어려운 분야라 생각하는 분들이 많습니다. 경제 개념을 외우거나 수식이나 그래프를 읽어내야만 알 수 있는 까다로운 영역이라 여기는 경우도 있지요. 그러나 경제 역시 인류의 역사 속에서 탄생하고 발걸음을 옮겨온 분야입니다. 오랜 시간 동안 사람들은 서로 교환하고 거래하며, 분업과 협업을 통해 생산물을 만들면서 생계를 꾸려 왔습니다. 역사에 존재하던 대부분의 국가들은 세금을 걷고 경제 정책을 펼치며 나라를 운영해왔지요. 개개인의 성공과 실패, 한 기업의 흥망성쇠, 세계를 단숨에 바꾼 사회 변화에는 모두 경제 이야기가 담겨 있습니다.

이 책은 역사적 기념일에 얽힌 경제 개념과 원리를 짚어내고, 경제적으로 의미 있는 사건들을 되짚는 책입니다. 더불어 이야기하듯 쉽게 그날그날의 역사적 사건과 경제를 함께 살펴보고, 생각할 주제를 던집니다. 흥미로운 역사 속 이야기와 경제적 맥락을 따라가며 읽다 보면 "경제도

까다롭지 않고 재미있구나!" 하고 느낄 수 있을 것입니다. 더불어 과거의 역사적 사건이 우리의 삶에 얼마나 밀접하게 닿아 있는지도 깨닫게 됩니다. 우리가 살아가는 자본주의와 세계화 시대의 시작을 거슬러 올라가다 보면 18세기의 산업 혁명의 영향과 만납니다. 우리 주변에 나타나는 나라 간 갈등의 뿌리를 20세기의 냉전 체제에서 찾아볼 수도 있습니다. 초콜릿이나 맥도날드 햄버거처럼 우리에게 익숙한 음식을 통해 세계 경제와 내 삶이 어떻게 연결되어 있는지 살펴보는 것도 가능하지요.

우리는 역사를 통해 과거의 사실에서 교훈을 얻거나 현재를 인식하고 미래를 예측합니다. 역사 속에서는 놀라울 정도로 비슷한 일이 반복되니까요. 이를테면 16세기의 튤립에 불타오르던 사람들의 투기 열풍과 비슷한 일이 20세기 후반의 일본이나 2000년대 초반의 미국에서도 거듭 일어났습니다. 호황과 불황으로 되풀이되는 과거 경제의 흐름을 살펴보며 새로운 지혜를 얻을 수도 있지요. 세계 경제가 불황을 어떤 식으로 견디고 대처해나갔는지 보면, 앞으로 경제의 위기가 닥쳐왔을 때 예방하거나 극복해나가는 방법도 깨닫게 됩니다. 옛 시절 사람들이 했던 선택을 되짚어보며 현재의 경제 문제를 해결해나가는 힌트를 얻을 수도 있습니다.

일상에 매몰되어 하루가 허무하게 지나간다고 느껴질 때, 달력 안에 숨겨진 역사와 경제의 고리를 찾아보는 건 어떨까요. 단순히 스쳐 지나가는 하루가 아니라, 세상을 깊이 있게 보는 시간을 만들 수 있지 않을까요?

차례

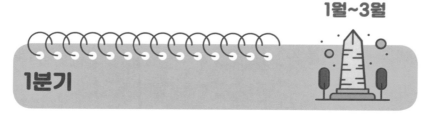

1월~3월

1분기

4월~6월

2분기

7월~9월

3분기

4분기

1분기

1월~3월

1월 5일

제임스 와트의
증기기관 특허 취득일

1월 9일

애플의
아이폰 출시 발표일

1월 10일

미국의
스탠더드오일 설립일

1월 19일

필름 회사 코닥이
파산을 신청한 날

1월 31일

영국의 브렉시트
시작일

2월 3일

튤립버블 당시 가격
최고점을 찍은 날

2월 17일

부산저축은행
사태

2월 21일

마르크스와 엥겔스의
《공산당 선언》 발표일

2월 22일

세계 최초로 애그플레이션
폭동이 일어난 날

3월 9일

애덤 스미스의
《국부론》 첫 출간일

3월 11일

NFT 그림이
크리스티 경매에서
785억에 판매된 날

3월 15일

인공지능이 바둑 천재를
4 대 1로 이긴 날

3월 26일

IUCN이 아프리카 코끼리
두 종류의 멸종 단계를
모두 상향한 날

스코틀랜드 국립박물관에 전시된 기계 하나

1층 전시장에 커다란 기념비처럼 자리 잡아 보는 이의 궁금증을 불러일으킨다.
약 250년 전에 개량되었다는 이 기계, 단지 철로 만든 평범한 장치로 보인다.
그러나 알고 보면 인류의 역사를 획기적으로 바꾸었다고 평가받는 물건,
제임스 와트와 동료 매튜 볼턴이 개량한 증기기관이다.
기계 하나가 인류의 역사를 바꿀 수 있는 걸까?
와트가 증기기관을 개량한 이후로 사람들의 삶은 어떻게 바뀌었을까?

#제임스와트 #증기기관 #산업혁명 #공장제기계공업 #부르주아 #자본주의

제임스 와트의 증기기관 특허 취득일

저절로 움직이는 기계가 세상을 바꾸다

증기기관. 석탄 등 연료를 태워 나오는 증기의 힘을 모으고 압축하는 장치입니다. 이 과정을 통해 동력을 만들어 기계가 저절로 움직이게 하는 역할을 하지요. 사실 제임스 와트가 증기기관을 최초로 만든 이는 아니었습니다. 이미 1712년에 토머스 뉴커먼이 만들어 현장에서 이용되던 증기기관이 존재했거든요.

제임스 와트는 영국 글래스고대학의 부속 공장에서 일하던 기계공이었습니다. 한 교수가 강의 자료로 쓰던 뉴커먼의 증기기관을 수리하려고 뉴커먼의 증기기관 모형 내부를 뜯어보는 일을 하고 있었습니다. 뉴커먼의 증기기관은 2층 건물 높이만큼 거대했지만, 정작 효율성이 떨어진다는 단점이 있었습니다. 기존 증기기관의 문제점을 발견한 와트는 이를 개량해 새로운 증기기관을 만들어냅니다. 그리고 1769년 1월 5일, 증기기관에 대한 특허를 냈지요. 그것이 끝이 아니었습니다. 특허권을 얻은 뒤에 와트는 투자자와 함께 상품을 실용화하기 위해 긴 시간을 거쳤어요. 그리고 1776년, 드디어 성능 좋은 증기기관을 세상에 내보였습니다.

제임스 와트의 증기기관은 어째서 인류의 역사를 바꿨다고 평가받는 걸까요? 당시 영국의 상황을 살펴보면 이유를 짐작할 수 있습니다. 와트가 증기기관을 세상에 선보일 무렵, 영국은 유럽에서 승승장구하는 나라였습니다. 스페인과 네덜란드의 함대를 무찌르고 해상무역에서 주도권을 잡고 있었지요. 무역으로 벌어들인 막대한 돈이 영국으로 흘러들어갔습니다. 게다가 영국은 풍부한 광물자원, 편리한 교통까지 두루 갖춰 유럽의 강국으로 자리 잡고 있었습니다.

발전을 거듭하던 영국에서 특히 상승세가 두드러진 산업은 섬유 생산이었습니다. 식민지 인도에서 저렴하고 사용하기 편한 면직물(목화솜으로 만든 옷감)이 도입되자 영국에서도 면직물 제조 공업이 발달했습니다. 이를 위해 옷감을 만드는 기계도 이미 발명되어 있었지요. 섬유에서 실을 뽑아내는 기계인 방적기와 실을 짜는 방직기가 탄생했는데, 대부분 수력으로 움직였습니다. 수력 방적기를 움직이려면 물이 많이 필요했기 때문에 공장은 전부 강가에

아크라이트가 만든 수력 방적기

자리 잡고 있었습니다. 문제는 뉴커먼의 증기기관이 고작해야 석탄을 캐낼 때 광산에 고인 물을 퍼내는 물레방아 정도의 구실밖에 못 했다는 점이었지요.

와트의 증기기관 발명은 섬유산업 발달에 큰 변화를 가져왔습니다. 방적기와 방직기에 증기기관을 달면 훨씬 짧은 시간에 더 많은 결과물을 만들 수 있었으니까요. 이전까지의 수력 방적기로는 실 45킬로그램 만드는 데 2000시간이 필요했지만, 증기기관을 이

—
증기기관차

—
윌리엄 터너,
〈전함 테메레르의 마지막 항해〉

용하면 같은 양의 실을 만드는 데 300시간이면 충분했어요. 놀라운 발전이었습니다.

증기기관의 활약은 섬유산업에 그치지 않았습니다. 다양한 분야에서 활용되며 세상에 변화를 불러왔습니다. 이러한 변화는 미술품에도 반영되어 있습니다. 19세기 영국을 대표하는 화가 윌리엄 터너의 그림 〈전함 테메레르의 마지막 항해〉(1838)라는 작품으로, 현재 영국의 20파운드 화폐에 담겨 있기도 한 그림이지요. 작품을 보면 돛대가 달린 범선을 힘차게 끌고 있는 것은 검은색의 작은 배입니다. 힘차게 증기를 내뿜는 이 자그마한 배가 바로 증기기관으로 움직이는 증기선입니다.

이처럼 증기기관 덕분에 먼 거리를 움직일 수 있는 증기선이 만들어졌고, 1825년에는 철로 위를 달리는 증기기관차가 발명되었습니다. 교통이 발달하면서 산업 발전에도 가속도가 붙었습니다. 석탄·철광석 등 공업에 쓰이는 원재료와 공장에서 만들어진 상품을 전국에 빠르게 나를 수 있었으니까요.

또한 사람들의 이동 시간이 단축되고 전 세계 경제권이 연결됐습니다. 산업혁명 이전까지는 전 세계 여러 나라가 각각의 문화권과 생활권을 유지했다면, 증기선과 증기기관차가 발명된 이후 세상은 차츰 하나로 연결되었습니다. 그리하여 영국을 비롯한 유럽과 미국 등 서양 국가들이 아시아, 아프리카, 라틴아메리카 대륙 국가들을 식민지로 삼기도 했습니다. 서구권 국가에는 이 세계의 연결이 축복으로 다가왔지만, 그 밖의 국가에서는 식민지의 비극이 시작되었지요.

증기기관을 토대로 공장제 기계공업이 발달하고 전 세계를 잇는 교통망까지 갖춰지자, 주요 산업은 농업에서 제조업으로 바뀌었습니다. 이처럼 17세기 중반 이후 증기기관의 발명과 기술 발달로 경제와 사회구조가 변화한 사건을 산업혁명이라고 합니다. 대량생산이 가능해지면서 소비자는 더 좋은 물건을 더 저렴한 가격에 구입할 수 있게 되었습니다. 더불어 의학과 과학 기술이 눈부신 발전을 거듭하며 인류의 수명이 길어졌습니다. 인구도 폭발적으로 늘어났지요. 산업혁명은 얼핏 기술혁명으로 보였지만 사회의 구조와 사람들의 생활양식까지 획기적으로 바꿔놨습니다. 하나의 사회 변혁이라 볼 수 있기에 '혁명'이라는 말이 붙은 것입니다.

산업혁명은 시민혁명과 함께 사회의 주도세력을 바꿔놓는 계기도 되었습니다. 이전까지는 영주나 귀족 등 신분 높은 이들이 사회의 주도세력으로 군림했지만, 상업이나 무역으로 부를 쌓은 자본가들이 산업혁명으로 더 많은 돈을 벌면서 경제적인 힘을 쌓아갔지요. 이 자본가들을 '부르주아'라고 합니다.

부르주아는 본래 왕족이나 귀족처럼 높은 신분이 아니라, 중세부터 상공업 분야에 종사하던 자유민 계층이었습니다. 상업과 무역으로 부를 쌓은 부르주아들은 공장과 기계 등 생산수단을 소유할 만한 경제적 힘이 있었습니다. 덕분에 노동자를 고용하고 생산수단을 이용해 상품을 대량으로 생산했고, 이를 시장에 내다 팔아 이윤을 얻었지요. 그렇게 모은 이윤을 바탕으로 또다시 새로운 생산을 하고 점점 더 많은 자본을 쌓아갔습니다.

이처럼 자본가가 공장이나 기계 등 사적으로 소유한 생산수단을 이용해 노동자를 고용해서 상품을 생산하는 경제 운영방식을 '자

본주의'라고 합니다. 상업과 무역이 발달하면서 자본주의의 씨앗
도 오래전부터 움트고 있었지만, 산업혁명을 거치면서 자본주의는
본격적으로 그 꽃을 피우며 세상을 움직이게 되었습니다.

오늘의 경제 키워드

✦ **산업혁명** 인류의 생산방식이 농업에서 제조업 중심의 2차 산업으로 변화한 사건. 증기기
관이 면직물 생산 분야에 쓰이면서 공장제 기계공업이 발달했으며, 이는 석탄·기계·제철
공업의 발달로 이어졌다.
✦ **자본주의** 자본을 굴려 이윤을 추구하는 경제체제. 개인의 사유재산을 인정하고 기업이나
개인이 이윤을 얻기 위해 움직이는 것이 특징이다. 주로 시장에서 만들어진 가격을 중심으
로 경제가 운영된다.

하루 24시간, 우리가 가장 많이 만지는 물건은?

불과 20여 년 전만 해도 다양한 답이 나왔겠지만,

현재를 살아가는 대다수 사람들이 꼽을 만한 답은 '스마트폰' 아닐까.

2021년에 어느 분석 플랫폼에서 조사한 바에 따르면

한국인이 스마트폰을 사용하는 시간은 하루 평균 5시간 정도라고 한다.

깨어 있는 시간의 거의 3분의 1을 스마트폰을 보는 데 사용하는 셈이다.

아침에 깨어나 뉴스를 검색할 때도, 유튜브 동영상이나 웹툰을 볼 때도,

SNS로 내 소식과 일상을 공유하는 순간에도 우리는 스마트폰을 손에 쥐고 있다.

필수품이 된 이 작은 물건의 역사, 언제 시작됐을까?

#아이폰 #스티브잡스 #기업가정신 #창조적파괴 #혁신 #조지프슘페터

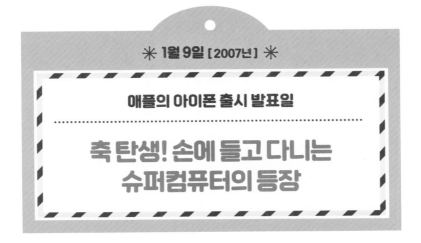

애플의 아이폰 출시 발표일

축 탄생! 손에 들고 다니는 슈퍼컴퓨터의 등장

2007년 1월 9일, 미국 샌프란시스코의 한 발표장. 검은색 티셔츠에 청바지를 입은 한 남성이 연단에 올랐습니다. 애플사의 최고 경영자cEO 스티브 잡스였습니다. 무대에 선 잡스는 회사가 개발한 새로운 제품을 주머니에서 꺼내 들어 사람들의 이목을 끌었습니다. 얼핏 전화기나 음악 감상에 쓰이던 MP3플레이어와 비슷해 보였습니다. 그러나 142그램의 아이폰은 단순한 전자기기가 아니었습니다. 통화뿐 아니라 음악 감상, 인터넷 검색과 이메일 확인 등의 기능을 두루 갖춘, 손안에 쥘 수 있는 슈퍼컴퓨터였지요.

물론 아이폰 이전에도 인터넷 검색이 가능한 스마트폰이라는 상품이 출시되어 있었습니다. 그러나 인터넷 속도가 느리고 사용하기가 불편했지요. 반면 아이폰은 사용자가 애플리케이션을 자유자재로 깔아 다양한 기능을 맛볼 수 있고, 가상 키보드와 멀티터치까지 가능했으니 그야말로 획기적인 상품이었습니다.

성공적으로 데뷔한 뒤 아이폰은 전 세계 흥행 상품으로 자리 잡았습니다. 약 10년 동안 전 세계에서 13억 대가 팔릴 만큼 선풍적인 인기를 끌었지요. 아이폰을 선두로 하여 다른 기업에서도 새로운 스마트폰을 잇따라 출시했습니다. 이 작은 전자기기는 사람들의 생활양식까지 바꿔놓았습니다. 사람들은 길을 걸어 다니면서 인터넷을 자유자재로 할 수 있게 되었지요. 뿐만 아니라 어디에서든 지구 반대편에 있는 사람과도 실시간으로 소셜 네트워크 서비스SNS나 커뮤니티를 통해 만나게 되었습니다. 아이폰은 단순히 한 기업의 신상품이 아니라, 세상을 바꾸는 발명품이 됐어요.

애플과 아이폰처럼 기술이나 경영, 생산 방법 등에서 새로운 상품이나 아이디어가 나와 이전의 것을 바꾸어놓는 경우가 있는데, 이를 혁신이라고 합니다. 혁신의 힘은 어디에서 나올까요?

스티브 잡스는 아마 애플사가 모바일 시장에서 주도권을 잡기 위해서는 완전히 새로운 방식의 휴대폰이 필요하다고 생각했을 것입니다. 그리고 예측하기 힘든 상황에서 신제품 개발에 애를 썼지요. 이처럼 기업가가 불확실한 상황 속에서도 이윤을 추구하기 위해 새로운 생산방식을 도입하거나, 새로운 제품 또는 시장을 개발하는 시도를 거듭하며 세상을 바꾸는 경우가 있습니다. 20세기 초, 경제학자 조지프 슘페터는 이것을 '기업가 정신'이라고 표현했지요.

슘페터는 혁신을 추구하는 기업가가 신제품을 개발하고 생산방식을 바꾸고 새로운 시장을 개척하면, 이것이 세상을 변화시키고 결과적으로 자본주의의 경제성장을 이끈다고 보았습니다. 이 과정에서 예전의 낡은 방식은 허물어지게 마련이지요. 잡스가 아이폰을 만들어내면서 기존에 쓰이던 휴대폰, MP3플레이어, 컴퓨터 등의 전자기기도 사라지는 제품이 되거나 소비량이 줄었습니다. 이처럼 기업가 정신을 발휘한 덕분에 본래의 생산품이나 생산방식은 쓸모없는 것이 되고, 완전히 새로운 방식이 만들어지기도 합니다. 그래서 슘페터는 이 과정을 창조적 파괴creative destruction라 일컬었습니다.

애플사 말고도 혁신과 창조적 파괴를 보여준 기업들이 있습니다.

20세기 초, 자동차 제조업체 포드사 사장이었던 헨리 포드는 자동으로 움직이는 벨트(컨베이어 벨트) 위에서 부품을 조립하는 방식을 공장에 도입했습니다. 그리하여 자동차 생산시간을 획기적으로 줄였고, 그에 따라 자동차 한 대의 가격은 거의 10분의 1 수준으로 저렴해졌지요. 덕분에 값비싼 사치품이던 자동차가 대중적으로 널리 쓰이는 교통수단이 되었습니다. 뿐만 아니라 그가 고안한 자동화·

헨리 포드와 그가 고안해낸 자동차 생산 조립 라인

분업화한 생산방식이 전 세계 공장에서 널리 쓰이게 된 결과, 20세기 이후 대량생산의 시대가 새로이 열렸습니다.

동영상 스트리밍 서비스로 유명한 넷플릭스도 새로운 시장을 열어 세상을 바꿨다는 평가를 듣는 기업이에요. 지금부터 20여 년 전만 해도 집에서 영화를 보려면 비디오가게에 가서 비디오 테이프나 DVD를 빌려야 했습니다. 그런데 넷플릭스는 매달 일정한 회원비를 지불하면 DVD를 우편으로 보내주는 서비스를 마련했습니다. 이 서비스가 인기를 끌어 넷플릭스는 단시간에 많은 고객을 보유한 기업이 되었지요. 안정된 위치에 오른 뒤에도 넷플릭스는 꾸준히 새로운 변화를 시도했습니다. 온라인 사이트나 애플리케이션에서 동영상을 클릭하면 바로 영화를 볼 수 있는 스트리밍 서비스를 제공한 거죠. 더 나아가 과감한 투자를 바탕으로 영화와 서비스 등 오리지널 콘텐츠를 직접 제작했습니다. 이 프로그램들이 인기를 끌며 세계 각국에서 더 많은 고객을 끌어들였습니다.

넷플릭스의 새로운 콘텐츠 제작·상영 방식은 영화와 문화 산업 전반에 영향을 주었습니다. 넷플릭스를 따라 온라인 스트리밍 서비스를 제공하는 OTT 기업이 늘어났고, '영화는 극장에서 상영하는 것'이라는 기존의 생각이 무너졌습니다.

슘페터가 기업가 정신과 창조적 파괴를 이야기한 것은 20세기의 일이지만, 21세기인 지금 더욱 주목받고 있습니다. IT기술의 발달로 세상의 흐름이 시시각각 바뀌는 만큼, 새로운 상품과 서비스를 발 빠르게 내놓는 기업이 살아남을 수 있는 시대가 되었기 때문입니다. 숨 가쁘게 변하는 이 시대에 기업가들이 앞으로 세상을 어떻게 바꿀지 궁금해집니다.

오늘의 경제 키워드 ····································

❖ **기업가 정신** 불확실한 상황에서도 미래를 예측하고 새로운 변화를 일으키며 기업을 이끌어가려는 기업가의 노력과 자질.

❖ **창조적 파괴** 새로운 가치를 만들어내기 위해 낡은 것을 파괴하고 새로운 것을 꾸준히 만들어내는 과정. 기업가는 기업가 정신을 바탕으로 신제품 개발, 새로운 시장 개척, 새로운 생산방법 도입 같은 방식으로 창조적 파괴를 이끌어낸다. 슘페터는 그 결과로 혁신이 이루어지고 자본주의가 발전한다고 보았다.

1904년의 풍자만화

거대한 문어가 화면 한가운데를 차지하고 있다.

문어는 다리를 뻗어 사람들을 집어삼키는 중이다.

성조기가 걸린 미국 국회도 이미 그 다리에 휘감겨 있다.

문어 머리에 새겨진 STANDRAD OIL(스탠더드오일)이라는 문구가 눈에 띈다.

이 문어의 정체는 과연 무엇일까?

#록펠러 #석유 #독점 # 공정거래에관한법

미국의 스탠더드오일 설립일

미국 역사상 최고 부자의 비밀

　　스탠더드오일Standard Oil. 한때 미국 최대의 석유회사였습니다. 19세기 후반부터 20세기 초반까지 미국 석유의 90% 이상을 생산하던 기업이었지요. 이 회사를 세운 존 데이비슨 록펠러 역시 미국 역사에서 빼놓을 수 없는 인물입니다. '미국 역사상 최대 부자'로 잘 알려진 사람이지요.

　록펠러가 얼마나 엄청난 부자였는지는 수치로 확인할 수 있습니다. 록펠러가 세상을 떠날 때 재산을 물가상승률을 감안해 지금의 돈으로 계산해보면 약 3400억 달러(약 424조 원)였다고 합니다. 당시 미국 국내총생산의 약 1.6%에 해당하는 어마어마한 금액이었지요. 20년 넘게 미국 최고의 부자 중 한 명으로 꼽히는 빌 게이츠

재산의 서너 배에 이르는 금액이라고 하니, 그가 얼마나 많은 부를 쌓았는지 짐작할 수 있습니다.

록펠러의 부와 명성은 모두 '석유'에서 시작되었습니다. 오랫동안 석유는 땅속에서 나는 검은 물 정도로 여겨지던 자원이었지요. 간단한 치료제 정도의 쓸모만 있었기에 '검은 물'로 불리기도 했습니다. 그러나 19세기 중후 이후 과학기술이 발달하면서 석유는 '검은 황금'으로 떠오릅니다. 자동차나 공장 기계의 내연기관을 움직이는 연료로 쓰이며 주요한 자원이 되었기 때문입니다. 곡물회사 직원이었던 록펠러는 이 석유의 가치를 알아채고 1870년 1월 10일 스탠더드오일을 세웁니다. 회사를 설립한 뒤에 그가 제일 먼저 한 일은 철도회사와의 계약이었습니다. 미국 전역에 있는 철도회사의 이동망을 대부분 장악한 다음, 스탠더드오일이 생산한 석유를 운반했지요.

이 때문에 다른 석유회사들은 어려움에 빠졌습니다. 석유를 생산해도 도무지 운반할 길이 없었으니까요. 이런 식으로 운영이 어려워진 경쟁 회사를 쓰러뜨려 집어삼키거나 부실한 회사를 사들이면서 록펠러는 회사 규모를 키워갑니다. 석유의 생산부터 수송, 가공, 판매까지 담당하게 된 스탠더드오일은 12년 만에 미국 석유산업의 대부분을 장악한 기업으로 성장했습니다. 록펠러의 재산도 급속히 불어났습니다. 어떤 기독교인은 아담이 낙원에서 추방당한 직후부터 매일 500달러씩 꼬박꼬박 저축해도 록펠러의 재산만큼은 안 될 것이라고 주장하기까지 했어요.

석유산업을 장악한 스탠더드오일은 석유 가격을 좌우할 힘을 얻었습니다. 록펠러의 회사가 석유 가격을 마음대로 올려도 아무도 대항할 수 없는 상태였기 때문입니다.

같은 상품을 파는 회사가 여럿일 경우, 소비자는 다양한 회사의 제품 중 하나를 선택할 수 있습니다. 공정하게 경쟁하는 상황에서는 한두 개의 기업이 시장 전체의 석유 가격을 섣불리 올릴 힘이 없지요. 그러나 경쟁자 없이 일인자가 독식하는 시장에서는 기업이 생산량을 줄이면 이는 그대로 상품 가격 상승으로 이어집니다. 소비자들은 울며 겨자 먹기로 스탠더드오일의 석유를 비싼 값에 사야만 했습니다. '부르는 게 값'이라는 말이 들어맞는 상황이었지요.

이처럼 하나의 상품시장에서 오로지 하나의 생산 기업만 존재하는 시장을 독점시장이라고 합니다. 독점시장에서는 독점기업이 가격을 마음대로 정할 수 있는 시장지배력이 커집니다. 록펠러의 스탠더드오일처럼 규모를 키운 독점기업이 주력 분야 외에 다른 분야로 진출하면서 발을 넓히는 경우도 있습니다. 스탠더드오일을 풍자한 만화에 거대한 문어가 등장하는 이유도 이 때문입니다. 문어가 다리를 뻗으며 움직이듯 스탠더드오일도 석유뿐 아니라 여러 산업 분야에 발을 뻗었습니다.

문어발 기업이 늘어나 시장을 지배하게 되면, 경쟁이 어려운 작은 기업들은 쓰러집니다. 현재 우리나라에서도 대기업이 체인점이나 빵집을 낼 경우 동네에서 소규모로 운영하던 음식점이나 제과점이 사라지는 상황을 생각해보면 이해하기 쉽지요.

요즘에는 인터넷의 힘을 이용한 새로운 형태의 독점이 나타나기도 합니다. 플랫폼 기업 카카오처럼 IT 기술을 갖춘 거대 기업이 금융, 택시, 음원이나 영상, 배달 산업 등 여러 분야에 손을 뻗치면서 작은 기업들을 몰아내는 것도 그 예입니다. 이 과정에서 소비자는 상품 선택의 폭이 줄어듭니다. 독점기업이 상품가격을 필요 이상으로 올리면 그 피해는 고스란히 소비자에게 돌아가지요.

이러한 폐단을 막고 공정한 경쟁을 다시 세우는 역할은 누가 할 수 있을까요? 경쟁자가 없는 상태에서는 자본주의국가의 정부가 그 역할을 할 수밖에 없습니다.

스탠더드오일의 독점이 심각해지자 이를 막아야 한다는 여론이 빗발쳤습니다. 마침내 미국 정부는 독점을 막기 위한 반독점법United States antitrust law의 하나인 셔먼법Sherman Act을 만들었지요. 이 법에 따라 독점 기업으로 규정된 스탠더드오일은 34개 기업으로 뿔뿔이 흩어졌습니다. 현재 미국의 정유회사 가운데 하나인 셰브론이나 엑손모빌 등도 사실 스탠더드오일이 조상이라 볼 수 있지요. 이 법은 3개의 법령으로 존재하며 미국의 기업이 여러 부문으로 커나가는 것을 막는 역할을 하고 있습니다.

　우리나라에도 비슷한 취지의 법이 있습니다. 〈독점규제 및 공정 거래에 관한 법〉은 시장의 공정한 경쟁 조건을 만들기 위해 존재하지요. 하나 또는 소수의 기업이 시장에서 가격이나 생산량을 멋대로 조절하면서 엄청난 힘을 발휘하는 것을 막기 위한 제도입니다.

　록펠러는 악덕 재벌로 유명했지만, 기부 왕으로도 유명한 인물입니다. 록펠러재단이라는 자선단체를 만들었으며, 미국 최초의 의학 연구소인 록펠러연구소를 세우고, 교육사업 등을 활발히 벌여 존경받기도 했지요. 이처럼 자선사업가로서의 품위를 보여주기는 했지만, 록펠러가 사회적 기여로 존경받을 수 있었던 밑바탕에는 무자비한 독점이 있었다는 사실이 씁쓸하게 느껴집니다.

오늘의 경제 키워드

❖ **독점시장** 개인이나 하나의 단체 또는 기업이 다른 경쟁자를 배제하고 생산과 시장을 지배하여 이익을 독차지한 시장.

❖ **독점규제 및 공정거래에 관한 법률** 하나 또는 소수의 기업이 시장에서 가격과 생산량을 조정하며 시장을 지배하는 것을 막기 위한 **법률**.

코닥의 카메라 필름

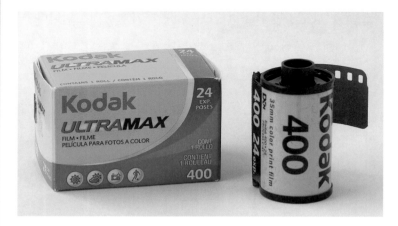

선명한 노란색 위에 붉은색으로 표기된 로고가 눈에 띈다.

그 안에는 'Kodak(코닥)'이라고 새겨진 조그만 물건이 들어 있다.

약 20년 전만 해도 여행을 가거나 나들이할 때면 아날로그 카메라와 함께

필수로 챙기던 '필름'이다. 디지털 방식으로 카메라의 기록을 남기는 지금과 달리,

아날로그 카메라는 사진으로 찍은 상像을

얇은 막으로 이루어진 필름에 남기는 것이 일반적이었다.

이 필름에 새겨진 '코닥'은 필름 업계의 제왕으로 일컬어지던 회사의 이름이다.

카메라 필름의 제왕이라고도 불리던 기업, 그런데 이 기업이 한때

파산 신청을 할 정도로 위기에 몰린 적이 있다. 어떤 사연이 있는 걸까?

#코닥 #필름 #디지털카메라 # BeingKodaked

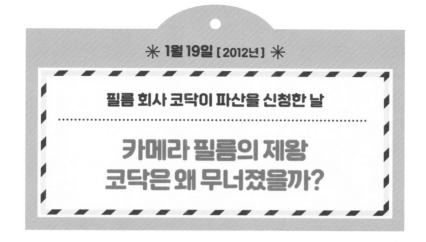

필름 회사 코닥이 파산을 신청한 날
·····································
카메라 필름의 제왕 코닥은 왜 무너졌을까?

코닥은 은행 서기였던 조지 이스트먼이 1888년에 세운 기업입니다. 그는 현대식 필름의 초기 형태를 만든 사람이기도 해요. 이전까지는 카메라로 사진을 찍으려면 수많은 도구가 필요했고, 카메라의 크기도 제법 컸습니다. 그런데 이스트먼의 발명 덕분에 카메라와 필름만 있으면 야외에서도 비교적 간편하게 사진을 찍을 수 있게 됐지요.

이스트먼은 여기저기에서 투자받아 '코닥'이라는 회사를 세우고 휴대용 필름 카메라를 생산했습니다. 세계 최초로 휴대용 사진기를 생산, 판매하면서 코닥은 세계 필름 시장의 3분의 2 이상을 차지할 만큼 카메라 시장을 주름잡는 기업이 되었습니다.

카메라도 중요한 상품이었지만, 필름 역시 코닥이 힘을 쏟는 상품이었습니다. 카메라는 한 번 사면 오래 쓸 수 있지만 필름은 한 개 분량을 다 쓰고 나면 새로운 것을 사야 하는 소모품이었기 때문이지요.

카메라와 필름처럼 함께 소비해야 쓸모와 만족도가 올라가는 재화들이 있습니다. 연필과 지우개, 치킨과 맥주, 자동차와 휘발유 등이 모두 이러한 짝을 이루는 재화이지요. 기업들은 가끔 이런 보완재 관계의 재화를 이용해 돈을 벌기도 합니다. 예컨대 프린터를 만드는 회사는 복합기나 프린터 값을 비싸지 않게 책정하는 대신에 정품 잉크를 판매해 돈을 버는 경우가 있습니다. 보완재 관계를 이용한 대표적인 사업 전략이지요.

그러나 코닥의 즐거운 날도 끝없이 이어지지는 않았습니다. 2000년대에 들어 일본에서 보급형 디지털 카메라가 만들어져 널리 보급되기 시작했기 때문입니다. 이제 필름 카메라보다 디지털 카메라를 찾는 이들이 늘어났습니다. 필름 카메라 판매량이 줄어들면서 코닥은 제왕 자리에서 서서히 내려옵니다. 결국은 2012년 1월 19일, 파산 보호를 신청하기에 이르렀지요.

그런데 코닥이 파산한 배경에는 흥미로운 사실이 숨어 있습니다. 디지털 카메라가 제대로 보급되기 이전, 디지털 카메라를 세계 최초로 개발한 기업 역시 코닥이었습니다. 코닥은 이미 디지털 카메라를 만들 기술을 보유하고 있었지만, 사업 수익이 적고 자신들이 주력하는 분야인 필름 카메라 시장에 피해가 갈 것이라 생각했습니다. 그래서 일부러 디지털 카메라를 생산해 시장에 많이 내놓지 않았지요. 새로운 시장을 개척하고 신제품을 개발하기보다는 원래 성과를 내는 분야에 안주하는 태도가 위기를 불러온 셈입니다.

되짚어보면 전성기의 코닥에는 두 가지 길이 열려 있었습니다. '필름 카메라 생산'과 새로운 '디지털 카메라 생산'이라는 두 가지 선택의 길이었지요. 코닥은 이 중에서 비교적 안정적이라 생각한 필름 카메라 생산에 주력하는 길을 택했습니다. 선택을 통해 포기하는 것(디지털 카메라 판매로 얻을 수입)보다 얻는 것(필름 카메라 생산으로 얻는 수입)이 더 큰 이득일 거라는 예측에 바탕을 둔 선택이었습니다.

코닥처럼 큰 기업의 선택만 그러할까요? 개개인의 선택도 수많은 예측과 계산을 바탕으로 이루어집니다. 고등학교 졸업 후 대학 진학을 선택한다면 당장 취업해서 벌 수 있는 소득을 포기하는 것이고, 용돈을 모아 게임기를 산다면 그 돈으로 운동화나 참고서를 살 수 있던 기회를 포기하는 셈이 됩니다. 경제학에서는 이를 "공짜 점심은 없다"라는 말로 설명하기도 합니다. 공짜로 무얼 얻는 듯한 상황에서도 실은 포기하는 게 있다는 뜻입니다. 우리는 별다른 생각 없이 뭔가를 선택한다고 여기지만, 깊이 들여다보면 어떤 것을 선택하는 동시에 다른 것을 포기하는 셈이랍니다.

어떤 선택이든 잃는 것보다 얻는 게 더 커야 좋은 법입니다. 경제학에서는 기회비용이 적은 선택이 가장 합리적인 결정이라고 이야기합니다. 코닥은 디지털 카메라 대신에 필름 카메라를 선택하는 것이 기회비용이 적다고 생각했지만, 이런 선택은 훗날 회사에 위기를 불러왔습니다. 필름 카메라 생산을 택한 것이 코닥의 예측보다 기회비용이 컸기 때문이지요.

아쉬운 선택을 두고 미국의 어떤 경제 칼럼니스트는 'Being Kodaked(코닥이 됐다)'라는 말을 사용하기도 했습니다. 코닥의 이름에 '옛것만 고집하다가 망한다'라는 뜻을 담은 것이지요. 한때 파산 신청까지 했던 코닥의 과거도 벌써 한참 오래전 일이 되었습니다. 코닥은 카메라 사업부를 팔고 인쇄 기술을 지원하는 사업을 통해 회생했습니다. 현재 우리나라에서는 어느 의류업체가 코닥의

오늘의 경제 키워드

❖ **보완재** 커피와 설탕, 연필과 지우개, 치킨과 맥주처럼 함께 소비하면 만족도가 올라가는 재화. 이때 한 상품의 가격이 올라가서 소비자들이 찾지 않으면 다른 상품의 수요도 함께 줄어든다는 특징이 있다. 반면 콜라와 사이다, 버터와 마가린처럼 만족도나 용도가 비슷해 서로 대체할 수 있는 재화의 관계를 '대체재'라고 한다.

❖ **기회비용** 어떤 것을 선택하면서 포기하는 것의 가치 중에서 가장 큰 것.

라이선스를 들여와 그 로고를 달고 옷을 만들어 팔기 때문에 청소년들에게는 패션 브랜드로 알려져 있기도 해요. 그러나 미래를 제대로 예측하지 못한 코닥의 안타까운 선택은 'Being Kodaked'라는 한마디 말로 역사에 영원히 남게 되었습니다.

영국의 거리, 시위하는 사람들

브렉시트(BREXIT)라는 단어가 적힌 커다란 인형의 코가

영국 국기 무늬 모자를 쓴 사내를 찌르고 있다.

'브렉시트'가 영국을 해친다는 내용을 풍자한 것으로 보인다.

브렉시트가 대체 무엇이기에 영국인들이 거리로 나와 시위를 벌였을까?

영국의 미래를 해친다고 여길 만큼 위협적인 걸까?

#브렉시트 #영국의유럽연합탈퇴 #물가상승

영국의 브렉시트 시작일

영국은 유럽과 뭐가 다른데?

2020년 1월 31일 오후 11시, 영국 런던에 종소리가 울려 퍼졌습니다. 미리 녹음된 영국의 유명한 종탑 빅벤의 소리였지요. 동시에 런던의 의회 광장에서 한 무리의 사람들이 파티를 열고 노래를 부르며 새로운 날을 축하했습니다. 영국이 유럽연합EU에서 공식으로 탈퇴하는 날이었기 때문입니다. 그런데 같은 시각, 시위를 벌이며 정반대 반응을 보이는 이들도 있었지요. 어째서 영국인들의 반응이 이렇게 확연히 갈렸을까요?

유럽연합은 유럽에 있는 국가들이 만든 강력한 정치·경제 통합체입니다. 이 모임에 속한 국가들끼리는 수출입 때 관세나 규제 없이 각종 물건이나 사람, 자원을 이동할 수 있습니다. 단순히 무역의 자유를 보장하는 정도가 아니라 독자적인 사법기구와 입법기구, 강제성 있는 법령 등도 갖추고 있지요. 유럽연합 국가들은 유로화라는 통일된 화폐를 사용하기도 합니다. 전 세계에서 다수의 국가가 참여하는 가장 강력한 공동체가 유럽연합인 겁니다.

1993년에 유럽연합이 본격적으로 만들어지기 전, 그 이전 형태인 유럽공동체EC로 존재할 때부터 영국은 이 공동체에 소속된 국가였습니다. 그런데 2016년 6월에 국민투표를 거친 결과, 놀랍게도 유럽연합을 나가겠다고 결정한 것이지요. 투표에 참여한 영국 국민 가운데 51.9%가 찬성표를 던져 선택한 결과였습니다. 반대표보다 4%포인트 정도 높은 수치였습니다.

절반이 넘는 영국 국민이 유럽연합에서 탈퇴하는 쪽을 선택한데에는 나름 이유가 있었습니다. 유럽연합에 속해서 얻는 이익보다 경제적으로 부담해야 하는 비용이 더 많다고 여겼기 때문입니다. 유럽연합은 공동정부를 운영하는 데 들어가는 비용을 각국이 나누어 부담합니다. 영국은 그 부담금을 꽤 많이 내고 있었습니다. 탈퇴를 결정하기 이전인 2014년에는 독일, 프랑스에 이어 세 번째로 많은 부담금인 6조 원에 달하는 돈을 부담하고 있었지요.

그러나 유럽연합에서 지원받는 예산 규모는 회원국 중 12번째에 불과해서 그 액수가 독일·프랑스보다 상대적으로 적었습니다. 이주민을 향한 국민들의 불만도 있었습니다. 유럽연합에 속해서 노

동력의 이동이 자유롭기 때문에 동유럽에서 많은 이주민이 들어왔고, 유럽연합의 방침에 따라 중동에서 난민을 받아야 하는 상황이 몇 년 동안 이어졌지요. 영국으로 이주한 외국인이 전체 인구의 13%를 차지할 만큼 늘고 이들이 새로운 일자리를 구하면서 영국인들은 이주민들을 고용시장의 경쟁자로 여기게 되었습니다. 특히 저학력층과 사회적 약자 계층에서 이런 경향이 두드러져 유럽연합 탈퇴를 요구하는 여론이 커졌지요.

이런 상황에서 2015년 데이비드 캐머런 총리가 유럽연합에서 탈퇴할지 여부를 묻는 국민투표를 실시하겠다고 약속했습니다. 그리하여 2016년 6월 23일 국민투표를 치른 결과 유럽연합에서 탈퇴하는 방향으로 결론이 났지요. 영국의 유럽연합 탈퇴를 브렉시트라고 합니다. 영국을 뜻하는 'Britain'과 탈퇴를 뜻하는 'Exit'를 합친 말입니다.

이 엄청난 결정에 모든 영국인이 찬성한 건 아니었습니다. 찬성표가 51.9%에 불과했다는 사실을 생각해보면, 반대한 국민의 비율도 만만치 않았음을 짐작할 수 있습니다.

영국은 본래 단일한 하나의 지역으로 이루어진 나라가 아니라잉글랜드, 스코틀랜드, 웨일스 그리고 아일랜드섬 북쪽의 북아일

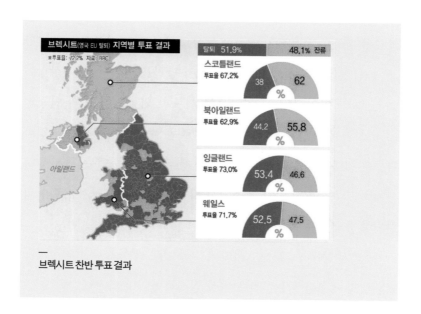

브렉시트 찬반 투표 결과

랜드라는 행정구역으로 이루어진 연합국가입니다. 지역마다 역사와 정체성이 조금씩 다른데, 그중에서도 스코틀랜드 지역이 브렉시트에 강하게 반발했습니다. 스코틀랜드는 어업과 농업이 발달한 지역으로, 유럽연합의 공동 농업정책과 공동 어업정책의 도움을 받고 있었습니다. 따라서 유럽연합을 탈퇴할 경우 이러한 혜택을 모두 반납해야 하기 때문에 브렉시트에 반대하는 비율이 높았던 것이지요.

이처럼 투표 전까지 잔류파와 탈퇴파의 의견이 팽팽히 맞설 만큼 논란이 많았기에 이후 5년에 걸쳐 탈퇴하는 과정도 순탄하지 않았습니다. 캐머런 총리는 투표 결과에 책임을 지고 총리 자리에서 물러났으며, 스코틀랜드 지역은 브렉시트에 반대한다는 의사를 강력히 밝혔습니다. 영국 의회에서 브렉시트 합의안을 결정하지 못해 세 차례나 연기되기도 했고요. 그러나 브렉시트를 원하는 보리스 존슨이 총리에 오르면서 결국 스코틀랜드를 포함한 영국 전체가 유럽연합에서 탈퇴하는 것으로 결정이 났지요. 마침내 유럽연합과 유럽의회, 유럽이사회 승인까지 거친 끝에 2020년 1월 31일을 기점으로 브렉시트가 시작됐습니다.

브렉시트 이후 영국에는 어떤 변화가 나타났을까요? 아직까지는 긍정적인 측면보다 부정적인 영향이 더 도드라집니다. 코로나19 팬데믹의 와중에 러시아가 우크라이나를 침공해 소모적인 전쟁이 이어지고 지구온난화로 기후변화까지 겹치면서 전 세계 물가가 가파르게 올랐지요. 가뜩이나 좋지 않은 상황에서 영국은 브렉시트의 여파로 더욱 힘든 시기를 겪었습니다. 유럽연합을 탈퇴하니 유럽의 다른 국가에서 식료품을 수입하기 어려워졌기 때문입니다. 수출까지 감소했습니다. 2022년 영국의 물가상승률은 10%를 넘을 정도로 최고치를 기록했는데, 이는 지난 40년에 견주면 물가가 가장 빠르게 오른 수치입니다. 2022년 8월에는 영국의 슈퍼마켓들이 채소나 포장 과일 등의 유통기한을 없애기도 했습니다. 식료품이 부족하다 보니 유통기한이 지난 식료품이라도 활용해야 할 형편이었기 때문입니다. 서민들의 생활은 당연히 직격탄을 맞고 있습니다. 식료품이 부족할 뿐만 아니라 겨울 난방을 하기 어려운 상황에 놓인 국민들도 적지 않다는 언론 보도가 이어졌습니다.

오늘의 경제 키워드

❖ **유럽연합** 유럽 국가들이 만든 정치·경제·사회 공동체. 관세를 없앴기 때문에 생산요소가 자유롭게 이동할 수 있다. 또한 가맹국들끼리 국가를 초월한 기구를 설치해 공동으로 경제 정책을 만들어 시행한다.

❖ **브렉시트** 영국이 국민투표를 거쳐 유럽연합을 탈퇴한 사건. 2016년 6월 23일 국민투표를 거쳐 탈퇴하기로 결정됐고, 2020년 1월 31일에 브렉시트가 시작되었다. 그 후에도 별다른 변화는 없었지만, 2020년 12월 영국과 유럽연합이 협상을 타결하면서 2021년부터 브렉시트가 본격적으로 현실화했다.

유럽연합을 탈퇴한다는 영국 국민의 결정은 최악의 선택이었을까요, 아니면 나름 현명한 선택이었을까요? 오랜 기간을 두고 훗날 그 영향을 돌아봐야 판단할 수 있을 겁니다. 영국 정부와 국민들이 브렉시트 이후의 여파를 어떤 방향으로 풀어갈지 궁금해지는 시점입니다.

봄마다 탐스러운 꽃을 피우는 튤립

사람들의 눈길을 끄는 꽃답게 '매혹'과 '명성'이라는 꽃말을 지녔다.

튤립은 풍차의 나라 네덜란드의 국화다.

해마다 튤립축제가 열릴 정도로 네덜란드인들의 사랑을 받는 꽃이다.

그런데 오래전 네덜란드에서는 튤립의 뿌리 하나가 집 한 채 가격에 맞먹는

시기가 있었다고 한다. 아무리 사랑받는 꽃이라 하지만

어떻게 이런 일이 벌어졌을까?

#버블경제 #튤립 #튤립버블 #투자와투기

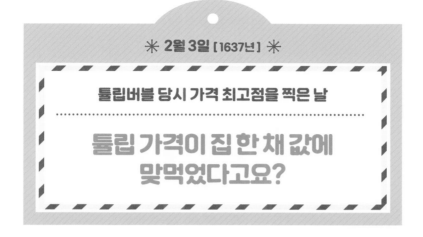

튤립버블 당시 가격 최고점을 찍은 날

··

튤립 가격이 집 한 채 값에
맞먹었다고요?

튤립의 원산지는 본래 남동유럽과 중앙아시아입니다. 17세기에 교역을 통해 비로소 네덜란드에 알려졌지요. 튤립은 그 아름다움으로 사람들을 매혹하며 인기를 끌었습니다. 그 무렵 네덜란드는 해상무역으로 승승장구하던 나라였습니다. 유럽 국가들 중에서 1인당 국민소득이 가장 높은 곳이기도 했지요. 외국에서 벌어들이는 수입만큼 시중에 많은 돈이 풀려 있었습니다. 이렇게 소득이 늘어나는 시기에는 사람들이 투자할 만한 곳에 눈을 돌리게 마련입니다.

이때 네덜란드인들의 눈에 띈 것이 바로 튤립이었습니다. 튤립은 잎과 꽃잎의 배열, 무늬와 색에 따라 여러 종류로 나뉘는데, 당시 네덜란드인들은 '황제' '총독' '제국' '장군' 등 튤립의 모양새에 따라 이름을 붙여주곤 했습니다. 그중에서도 황실을 상징하는, 붉은 세로 줄무늬가 있는 튤립이 유독 비쌌습니다. '셈페르 아우구스투스'('영원한 황제'라는 뜻)라고 하는 이 꽃은 매우 가치가 높았지요.

문제는 양파처럼 생긴 튤립의 뿌리만 보고서는 튤립이 앞으로 어떤 색깔이나 모양을 낼지 예측할 수 없다는 점이었습니다. 어떤 뿌리는 황제튤립을 피울 수 있지만, 어떤 뿌리는 평범한 튤립을 피울 수도 있습니다. 이처럼 예측할 수 없다는 점에 이끌린 사람들은 튤립 알뿌리의 미래 가치를 예측하며 이를 사들였습니다. 만약 싼값에 산 튤립 뿌리가 황제튤립을 피워낸다면 비싼 값에 되팔 수 있었으니까요. 오늘날 현대인들이 '대박'을 기대하며 주식이나 복권을 사듯, 당시 네덜란드인들은 튤립 뿌리를 사들였던 것입니다.

시중의 돈이 몰리면서 튤립과 그 뿌리의 가격은 천정부지로 치솟았습니다. 각계각층의 사람들이 튤립 투기 열풍에 참여했지요. 돈이 없어서 집이나 가재도구, 양조장, 제분소 등을 팔아 튤립 뿌리 하나를 사는 사람도 있었습니다. 덕분에 튤립 뿌리의 가격이 한 달 새 50배 이상 치솟기도 했어요. 1637년께가 되자 황제튤립의 가격이 6000길더(당시 네덜란드의 화폐단위)가 되기도 했는데, 이 금액은 노동자가 30년쯤 일해야 벌 수 있는 금액이었습니다.

황당한 일화도 전해집니다. 1630년대에 먼 곳으로 떠났다 네덜란드로 돌아온 항해사가 어떤 상인의 집에서 식사를 했습니다. 그는 식탁 위에 있던 양파를 함께 먹었지요. 그런데 이 양파로 보이던 것이 값비싼 튤립 알뿌리였습니다. 항해사는 귀한 튤립 알뿌리를 먹어치운 죄로 고소당하고 감옥살이를 했습니다.

우습고도 씁쓸한 일화에서처럼 사람들은 튤립을 귀한 투자처로 여겼지만, 지나치게 비싸진 튤립 가격에 슬슬 불안감을 느끼는 사람도 많았습니다. 치솟는 가격이 적당치 않다고 느낀 투자자들은 튤립 구매에서 차츰 손을 뗐습니다. 더는 튤립을 살 사람이 없다는 소문도 돌았습니다. 그리고 1637년 2월 3일, 불과 며칠 만에 튤립 가격이 예전의 100분의 1 이하로 떨어졌습니다. 튤립을 샀던 서민들은 줄줄이 파산했습니다. 네덜란드 정부가 튤립 가격을 안정시키기 위해 정책을 마련했지만 별 소용이 없었습니다. 결국 튤립 가격이 최고 가격의 수천분의 1로 떨어지면서, 막대한 재산 피해를 입은 사람들이 늘었습니다.

얼핏 엉뚱하고 터무니없는 사건으로 보이지만, 자본주의의 역사 속에서는 이러한 투기 광풍이 한 번씩 일어납니다. 특히 시중에 돈이 많이 풀려 주머니가 두둑해진 시기에는 사람들이 일확천금을 노리며 마땅한 투자처를 찾지요. 주로 부동산이나 주식 등 몇몇 상품의 가격이 크게 오르리라 기대하며 시세차익을 노린 매매열풍이 붑니다. 이렇게 일확천금을 노리는 투기 심리 때문에, 상품의 실질적 가치에 견주어 시장가격이 높아지는 경우가 있습니다. 이를 거품경제

(버블경제)라고 합니다. 액체의 양보다 흰 거품이 많은 맥주를 상상해봐도 좋습니다. 실질적인 양보다 거품 때문에 가격이 일시적으로 높아지지만, 거품은 금방 사라지게 마련입니다.

튤립 광풍뿐 아니라 역사에는 거품경제가 나타난 적이 꽤 많습니다. 18세기 초에 영국 정부가 세운 남해회사 South Sea Company라는 부실한 금융기관이 있었습니다. 이 회사는 여기저기 믿을 만한 회사라며 홍보했는데, 덕분에 이 기관이 발행한 주식이 투기 대상이 되었지요. 너도나도 이 회사의 주식을 사들였습니다. 중산층이며 서민들까지 투자하여 가격이 6개월 만에 7배 이상 올랐지만, 거품이 꺼지면서 많은 사람들에게 손실을 안겨주었습니다.

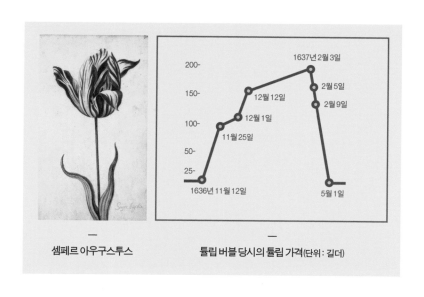

셈페르 아우구스투스 　　　튤립 버블 당시의 튤립 가격(단위: 길더)

거품경제의 역사는 끊임없이 반복되었습니다. 1980년대 후반 일본에서는 정부가 경기를 살리기 위해 이자율을 낮추면서 돈이 풀리자 부동산과 주식 가격이 뛰어올랐습니다. "일본 도쿄의 땅을 팔면 미국 전체 땅을 살 수 있다"는 말이 나올 정도로 자산 가격이 뛰고 호황을 누렸지요. 그러나 실질 생산능력이 높아진 것이 아니라 단순히 부동산이나 금융자산 가격이 오른 것이었기 때문에, 그 거품이 한순간에 꺼지면서 일본은 오랫동안 침체의 늪에 빠졌습니다. 이 시점부터 '잃어버린 30년'이라 일컬어지는 일본의 장기불황이 시작되었습니다.

이런 현실을 생각하면, 튤립 뿌리의 값이 집 한 채 값과 맞먹었던 500년 전 네덜란드에서 벌어진 일이 먼 옛날의 이야기로만 느껴지지는 않습니다. 21세기에도 사람들은 투기 열풍에 휩쓸려 위험한 선택을 하곤 하니까요. 무엇이 건전한 투자인지, 위험한 투기인지 구분하기 어려운 시대에 튤립 버블은 우리에게 한 가지 깨달음을 줍니다. 어떤 상품에 투자하든 그 실질적 가치를 제대로 공부하고 따져보는 신중한 태도가 필요하다는 교훈이지요.

오늘의 경제 키워드

❖ **버블경제** 투기심 때문에 상품 가격이 실질 가치에 비해 비정상적으로 오르는 현상. 17세기 네덜란드의 튤립 버블, 18세기 영국의 남해회사 거품 주식 사건, 1980년대 일본의 거품경제 등이 있다.

은행 앞, 사람들이 장사진을 친 이유는?

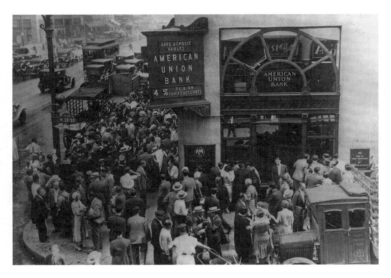

1930년대에 미국에서 벌어진 진풍경을 담은 사진이다.

당시 미국에서는 경기침체로 많은 은행이 파산했다.

은행이 무너지면 고객이 맡겨놓은 돈을 갚지 못하는 일이 종종 벌어진다.

그래서 예금한 돈을 잃을까 봐 걱정한 사람들이 돈을 찾으러 몰려온 것이다.

이런 현상을 뱅크런(Bank Run)이라고 한다.

1930년대 미국뿐 아니라 한국에서도 뱅크런 현상이 벌어진 적이 있다.

경기침체 때문이 아니라 또 다른 이유가 있었다고 하는데,

도대체 어떤 이유였을까?

#도덕적해이 #모럴해저드 #저축은행사태 #뱅크런 #역선택 #정보의비대칭성

✷ 2월 17일 [2011년] ✷

부산저축은행 사태

그날 은행의 대기표는 왜 4000번을 넘어갔을까?

그날, 은행의 대기표 번호가 4000번을 넘어갔습니다. 2011년 2월 18일 아침, 부산의 어느 저축은행에서 벌어진 일입니다. 은행 업무가 시작되기도 전에 수많은 인파가 은행 앞에 모였습니다. 초조한 표정으로 발을 동동 구르는 이들은 모두 은행에 맡긴 예금을 찾으러 온 사람들이었습니다.

이토록 많은 사람들이 은행 앞으로 몰려온 데에는 특별한 이유가 있었습니다. 바로 전날, 이 은행과 관련된 또 다른 저축은행이 금융위원회에서 영업 정지를 당했다는 소식이 전해졌기 때문이지요. 우리나라 금융기관의 안전성을 검사하는 금융위원회가 그 저축은행의 부실 운영을 잡아내면서 알려진 일이었습니다.

당시 그 저축은행은 예금자들이 맡긴 돈의 절반가량인 4조 원 이상을 부동산 프로젝트에 투자했습니다. 아무 담보도 없이 특정 재단에 100억 원 넘는 돈을 대출해주기까지 했습니다. 은행이 부동산에 직접 투자하는 건 불법인데도 독단적으로 벌인 일이었지요. 고객이 예금해놓은 돈으로 마구잡이 투자를 하다 영업정지까지 당했다는 사실이 알려지자 사람들은 앞다투어 저축은행으로 뛰어갔습니다. 은행에 맡긴 돈을 찾기 위해서였지요. 우리나라에는 원금과 이자를 합한 예금액의 5000만 원까지는 나라에서 보증해주는 예금자 보호제도라는 것이 있습니다. 그러나 이 액수를 넘는 돈을 맡겨놓았을 때는 은행이 무너질 경우 돈을 영영 찾을 수 없습니다. 평생 모은 돈을 저축은행에 맡겨둔 서민들이 이 사태로 피해를 입고 말았습니다.

이런 사태가 벌어진 근본 원인을 살펴보면, '정보'의 소유가 불균등하다는 문제가 숨어 있습니다. 고객이 돈을 맡긴 시점부터 은행과 예금주는 일종의 계약을 맺은 셈입니다. 그런데 상대방이 계약 사항을 충실하게 지킬 것이라 생각하고 약속했지만, 예금액을 어떻게 운용하는지에 관한 정보를 한쪽만 알고 있는 상태였지요. 일단 은행에 돈을 맡기면 고객들은 은행이 돈을 어디에 투자하고 어떻게 운용하는지 정확히 알기가 어렵습니다. 반면 은행은 자신들이 어떤 곳에 어떤 방식으로 투자하는지 잘 알지요. 계약 당사자 사이에 정보가 비대칭적으로 분포된 셈입니다.

안타깝게도 이런 문제는 계약을 맺은 두 당사자 간에 종종 벌어집니다. 특히 보험업계에서 비슷한 일이 자주 일어나지요. 한때 미국의 생명보험회사들은 "보험 가입 후 24개월 이내에 스스로 목숨을 끊을 경우 보험금을 지급하지 않겠다"는 조항을 두었다고 합니다. 그런데 보험 가입자들의 자살률이 가입 후 25개월이 되는 시점에 급격히 늘어나는 경우가 많았습니다. 가입자들의 극단적인 선택이 안타깝긴 하지만, 그들이 생명보험의 허점을 노린 선택을 했음을 알 수 있지요. 보험 가입자들은 계약 이후 자신의 행동을 정확히 알지만, 보험사들은 정확히 모릅니다. 이처럼 계약을 맺은 당사자 가운데 한쪽만 정보를 더 많이 가져서 계약 내용에 책임을 다하지 않고 소홀히 하는 경우를 모럴해저드moral hazard라고 합니다. 우리말로는 '도덕적 해이'로 불리는 현상입니다.

계약 이후에 한쪽이 책임을 다하지 않기도 하지만, 계약 이전부터 정보가 당사자 한쪽에만 치우치기도 합니다. 그래서 다른 한쪽에 손해가 될 만한 선택을 하는 경우도 있지요. 2022년 8월, 115년 만의 폭우가 우리나라 수도권을 덮쳤습니다. 축대가 무너지고 지하철역이 물에 잠기고 길거리나 주차장에 있는 차량이 물에 잠기는 등의 엄청난 피해가 이어졌지요. 그런데 이런 사건 사고를 다룬 뉴스 기사 아래에 "앞으로 당분간 중고차량을 사서는 안 된다"는 댓글이 많이 달렸습니다. '중고차를 살 때 침수 차 피하는 방법'이라는 게시 글이 인터넷 포털에서 인기를 끌기도 했고요.

홍수와 중고차 사이에 도대체 어떤 관계가 있을까요? 폭우가 쏟아지고 나면 사람들은 침수됐던 차를 중고차 시장에 내다 파는 경우가 많습니다. 아무리 물에 잠겼던 차라 해도, 중고차 시장에 나오기 전에 겉모습은 멀쩡하게 수리되는 경우가 많지요. 중고차를 사러 온 사람들은 이것이 침수 차인지 아닌지 알아보기 어렵습니다. 반면 중고차를 판매하는 쪽에서는 차의 이력을 알 수 있습니다. 한쪽은 차의 이력을 자세히 알고 다른 한쪽은 잘 모르니, 사는 사람은 번지르르한 겉모습만 보고 내부 상태가 좋지 않은 중고차를 덥석 살 수 있습니다.

이렇게 당사자 중 한쪽은 상품의 정보를 알고 다른 한쪽은 상품의 정보를 잘 모르기 때문에 정보에 어두운 쪽이 좋지 않은 물건을 선택하는 경우를 역선택逆選擇이라고 합니다. 모럴해저드가 계약 이후에 벌어지는 일이라면, 역선택은 계약 이전부터 정보가 불균등하게 제공되어 선택 자체를 잘못하는 것입니다.

모럴해저드와 역선택 모두 계약 당사자 사이에 정보가 비대칭적으로 분포된 탓에 벌어지는 일입니다. 당사자가 양심적으로 행동하면 이 문제가 해결되겠지만, 현실적으로 기대하기 어려운 일이지요. 경제학에서는 이런 문제를 개인의 도덕이나 양심에 기대어 해결하는 것보다 제도의 허점을 보완하는 방법을 추천합니다. 이를테면 중고차 이력을 필수로 공개하는 법을 만들거나 은행이 고객에게 투자 내역을 투명하게 공개하고 알려주는 제도를 만드는 식으로 해결하는 방법을 권하지요.

경제학에서는 대다수 사람들이 자신의 이익을 좇고 손해를 피하는 합리적인 동물이라고 봅니다. 그렇다면 계약하는 두 당사자 사이에 정보가 고르게 분배되어야 개인의 양심도 그에 맞추어 합리적으로 움직이지 않을까요? 각자의 도덕이나 양심을 탓하기보다 적절한 제도를 마련하는 것이 현명한 해결 방안일 수 있습니다.

오늘의 경제 키워드

❖ **모럴해저드(도덕적 해이)** 계약·거래를 한 당사자 가운데 정보를 많이 가진 쪽이 계약을 맺을 때와 달리 최선을 다하지 않고 해이해지는 현상. 본래는 법과 제도의 허점을 이용해서 자신의 책임을 소홀히 하거나 집단적 이기주의를 나타내는 상태나 행위를 가리킨다.

❖ **역선택** 계약하기 전에 정보를 적게 가진 쪽이 자신에게 손해가 될 만한 선택을 하거나 바람직하지 못한 상대와 거래하게 되는 경우.

카를 마르크스와 프리드리히 엥겔스

마르크스와 엥겔스는 청년 시절에 만나 평생 우정을 이어갔다.

단순히 우정을 나눈 친구가 아니라 같은 생각과 사상을 공유한 동지이기도 했다.

그들은 산업혁명 이후 나타난 자본주의사회가 언젠가는 끝나고,

노동자계급이 중심이 되는 세상이 오리라 믿었다.

두 사람은 자신들의 생각을 담아 함께 책을 펴내기도 했다.

《공산당 선언》이라는 이 책자는 유럽 전역에 소개되어 노동자계급의 폭발적인

반응을 불러일으켰다. 《공산당 선언》에는 과연 어떤 내용이 담겼을까?

두 사람은 미래를 제대로 예언했을까?

#공산당선언 #마르크스와엥겔스 #사회주의 #공산주의 #잉여가치

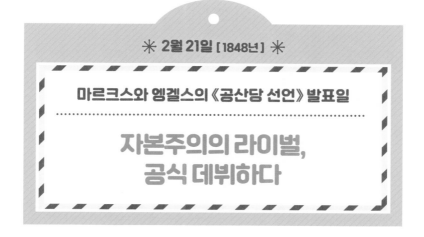

마르크스와 엥겔스의 《공산당 선언》 발표일

자본주의의 라이벌, 공식 데뷔하다

1848년 2월 말, 23쪽짜리 소책자가 영국 런던에서 출판됐습니다. "공산주의라는 유령이 유럽을 떠돌고 있다"라는 문장으로 시작하는 23쪽짜리 얇은 책이었지요. 책을 쓴 카를 마르크스와 프리드리히 엥겔스는 당시 서른 살과 스물여덟 살 청년들이었습니다.

그 무렵 유럽은 혁명의 기운으로 들썩이고 있었습니다. 산업혁명 이후 탄생한 노동자계급이 끊이지 않는 가난과 부당한 대우에 항의하며 자본가계급에 맞서 투쟁하고 있었지요. 지금은 폴란드 영토인 독일 슐레지엔에서는 방직공들이 단체로 봉기했습니다. 선거 결과에 항의하는 노동자들의 투쟁도 이어졌습니다. 겉으로는 평등한 선거라고 했지만 세금을 비교적 많이 내는 부자와 귀족 같은 특권계급에게만 투표권이 있었기 때문입니다.

이처럼 많은 노동자들의 투쟁이 빈번히 이어졌지만, 이러한 움직임을 하나로 모을 사상적 지주는 존재하지 않았습니다. 그때 등장한 것이 바로 《공산당 선언》이라는 책입니다. 짧은 분량의 이 책에는 노동자계급의 버팀목이 될 만한 사상이 담겨 있었고, 먼 훗날까지 많은 사람들에게 큰 영향을 주었습니다.

《공산당 선언》은 '모든 인간의 역사는 계급투쟁의 역사'라는 말로 인류의 역사를 정리합니다. 인류의 역사를 돌이켜보면 대다수는 불평등했고, 늘 계급이라는 것이 존재했다고 마르크스와 엥겔스는 주장합니다. 예를 들어 고대 노예제사회에는 '노예주와 노예'라는 신분이 다른 두 관계가 있었습니다. 노예는 물건처럼 취급당하며 평생 주인의 명령에 따라 농사를 짓거나 가사 노동 등을 해야 했지요. 노예제사회 이후의 중세 봉건사회에도 '영주와 농노'라는 불평등한 관계가 있었습니다. 농노는 자신의 경작지가 있고 가족을 꾸릴 수 있었으니 고대의 노예보다는 처지가 나았지만, 여전히 영주의 땅에 가서 일해야 하고 자유를 누릴 수 없는 계급이었습니다.

산업혁명 이후 자본주의사회에서도 비슷한 일이 벌어집니다. '자본가와 노동자'라는 불평등한 관계가 이어졌지요. 자본가는 회사나 공장 등 생산수단을 가진 계급입니다. 이들은 임금을 주고 노동자를 고용해 상품을 생산합니다. 노동자는 신분이 아니라 근로계약에 따라 자본가의 공장에서 일하므로 이전보다는 처지가 나아 보이지만, 빈부격차와 열악한 노동환경에 끊임없이 시달렸습니다.

훗날 마르크스는 《자본론》이라는 책에서 이런 상황이 나타나는 이유를 설명했습니다. 평범한 노동자가 아무리 성실하게 일해도, 자본가는 자신이 고용한 노동자에게 생계를 유지할 정도의 임금만 줍니다. 노동자가 하루에 10시간쯤 열심히 일해서 빵을 100개 만든다면, 그중 80개 정도는 자본가들이 차지하고 나머지 20개 정도만 노동자에게 준다는 거죠. 심지어 낮은 임금으로 더 오랜 시간 일을 시키며 노동자계급을 착취합니다. 그래야 자신들이 더 많은 이윤을 차지해 더 큰 자본을 축적할 수 있으니까요. 이처럼 자본가가 부당하게 차지하는 몫을 마르크스는 잉여가치라고 했습니다. 잉여가치를 축적한 자본가는 점점 더 큰 부자가 되고 임금을 받는 노동자는 점점 더 가난해져 빈부격차가 심해집니다.

이는 단순히 불평등으로 끝나지 않고 자본주의경제를 위협하는 문제가 됩니다. 착취당하며 가난을 견뎌내는 노동자들은 상품을 살 구매력을 점점 잃어갑니다. 반면 자본가들은 더 많은 이윤을 남기려고 과잉생산을 합니다. 시장 전체로 보면 상품은 공급되지만, 이를 살 수 있는 수요가 부족해지는 겁니다. 이런 이유로 자본주의에는 경제위기가 주기적으로 찾아옵니다. 위기 속에서 노동자들의 굶주림은 점차 더 커집니다.

마르크스와 엥겔스는 이런 상황을 해결할 수 있는 방법은 '혁명'이라고 생각했습니다. 착취받던 노동자계급이 언젠가 '피의 혁명'을 일으켜 자본가계급을 몰아낸다는 겁니다. 그리고 새로운 세상이 만들어지는데, 이를 공산주의라고 일컬었지요. 공산주의는 '생산수단을 공유한다'는 개념입니다. 사유재산을 인정하는 자본주의와 달리 공산주의는 토지나 자본·공장을 개인이 소유하는 것을 허용하지 않습니다. 사회공동체가 이를 함께 소유하고 운영해가는 시스템이니까요. 계급도 국가도 존재하지 않는 이상향과 같은 사회라고 할 수 있습니다.

이처럼 이상향으로 삼는 단계로 곧장 나아가는 것은 현실적으로 어려운 일입니다. 그래서 마르크스는 공산주의라는 이상향으로 나아가기 전의 단계로 사회주의를 이야기했습니다. 사회주의는 노동자가 사회를 이끄는 단계로, 노동자를 대표하는 정당이 생산수단을 소유하고 사회를 이끌어가는 형태를 취합니다.

사회주의에서는 어느 누구도 개인의 이윤을 위해 상품을 생산하지 않습니다. 공동체 전체의 이익을 위해 국가가 나서서 생산과 분배, 소비를 해결해가지요. 자본주의에서 사회주의의 단계로 나아가려면 먼저 노동자들이 단결하여 자본주의 세상을 뒤엎어야 합니다. 그래서 《공산당 선언》은 "만국의 노동자여, 단결하라!"는 내용으로 끝을 맺습니다.

마르크스와 엥겔스의 말처럼 노동자 혁명으로 새로운 사회가 탄생했을까요?《공산당 선언》이 나온 지 약 70년 뒤인 1917년, 실제로 자본주의를 뒤엎고 사회주의국가가 탄생합니다. 유럽의 중심은 아니었지만, 오랫동안 황제와 봉건귀족의 지배 아래 굶주리던 러시아의 노동자계급이 일으킨 혁명이었습니다. 그리고 이렇게 탄생한 나라는 소련(소비에트 사회주의 연방 공화국)이라는 이름으로 70년 넘게 지속됐습니다. 뒤이어 중국·북한·베트남 같은 사회주의국가들이 속속 탄생했고요.

마르크스와 엥겔스의 사상은 오랫동안 노동자계급을 하나로 묶는 중요한 버팀목이 되었습니다. 뿐만 아니라 자본주의 사상의 라이벌이라 할 수 있는 사회주의 사상의 밑바탕을 마련했지요. 이런 면에서《공산당 선언》은 20세기 역사의 한 획을 그은 중요한 책이라고 볼 수 있습니다.

오늘의 경제 키워드

❖ **사회주의** 생산수단을 개인이 소유하지 않고 국가와 사회가 공동으로 소유·관리하자는 사상 또는 움직임. 자본주의 체제에서 나타나는 불평등과 노동 문제에 반대하며 등장했고, 마르크스와 엥겔스 등이 체계적으로 정리했다.

❖ **잉여가치** 자본주의사회에서 자본가가 이윤을 남기기 위해 차지하는 몫. 자본가는 노동자가 생산한 가치 중에서 일부만 임금으로 주고 나머지를 모두 소유하며 노동자를 착취하는데, 이 때문에 자본주의경제가 불안정해진다.

옥수수의 힘

크리스토퍼 놀란 감독의 〈인터스텔라〉는 미래의 모습을 다룬 영화다.
이 영화에서는 옥수수밭이 넓게 펼쳐진 장면을 볼 수 있다.
세상의 수많은 농작물 중에서도 옥수수가 등장한 이유는 뭘까?
옥수수는 세계에서 영향력이 가장 큰 작물 가운데 하나라고 한다.
가축 사료로 쓰이기도 하고, 물엿이나 액상과당 따위를 만드는 데 쓰이기도 한다.
심지어 옥수수는 자동차를 움직일 수도 있다.
옥수수에서 에탄올이라는 성분을 추출해 휘발유와 일정 비율로 섞어서
자동차 연료로 사용하는 것이다. 이렇게 만든 바이오연료는
친환경적이라는 이유로 사랑받는 자원이 되었다.
영화에서 그리는 미래에 옥수수가 등장하는 것도 무리가 아닌 이유다.

#애그플레이션 #식량위기 #바이오연료 #러시아우크라이나전쟁 #지구온난화와식량위기

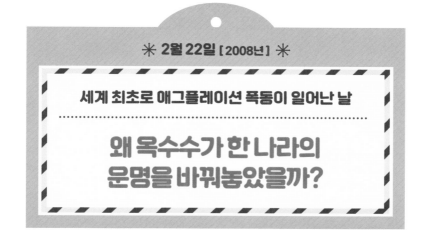

세계 최초로 애그플레이션 폭동이 일어난 날

왜 옥수수가 한 나라의 운명을 바꿔놓았을까?

        부르키나파소는 아프리카 서부에 있는 나라입니다. 국토의 4분의 1 이상이 사막으로 둘러싸여 있지요. 이 나라에는 '또'라는 음식이 있는데, 옥수숫가루로 만든 죽입니다. 2007년에 이 '또'를 만드는 재료인 옥수수를 비롯해 곡물이 부족하여 부르키나파소에서 폭동이 일어난 적이 있습니다. 굶주림에 시달리는 부르키나파소 국민들의 불만이 커져 폭동이 시작된 겁니다.

    2007~2008년에는 부르키나파소뿐 아니라 지구촌 곳곳에서 유독 수많은 시위와 폭동이 이어졌습니다. 부르키나파소를 시작으로 카메룬·세네갈·이집트 등에서 동시다발로 폭동이 일어났고, 2008년에는 볼리비아·예멘·우즈베키스탄·방글라데시 등에서도

비슷한 사태가 있었습니다. 이 수많은 폭동에는 공통점이 있습니다. 식량 부족으로 굶주린 국민들이 폭동을 일으켰다는 점입니다.

그 무렵 전 세계의 곡물 가격이 2배 이상 뛰었습니다. 곡물을 사고 싶어 하는 사람(수요)에 견주어 공급이 부족하기 때문에 일어난 일이었지요. 이처럼 농산물 가격이 급격히 오르는 현상을 영어로 '애그플레이션agflation'이라고 합니다. 농업을 뜻하는 '애그리컬처agriculture'와 물가가 오르는 현상을 가리키는 '인플레이션inflation'을 합쳐서 만든 용어이지요. 보통 농산물 가격이 오르면 다른 물건의 가격까지 함께 오릅니다. 옥수수 값이 오르면 옥수수로 만든 식품, 옥수수를 사료로 사용해 기르는 육류, 바이오연료까지 다른 물가도 오르지요. 앞서 말한 부르키나파소의 폭동과 2007~2008년의 전 세계적인 사태는 바로 이 때문에 벌어졌습니다.

당시 식량 가격이 급격히 뛰어오른 이유는 무엇일까요? 인구 증가라는 원인을 빼놓을 수 없습니다. 지구촌 인구는 2022년을 기준으로 이미 80억 명에 가까워진 상태입니다. 2011년에 70억 명을 돌파한 뒤 겨우 11년 만에 10억 명이 더 늘어났으니 폭발적인 인구증가율을 기록하는 중이지요. 중국·인도처럼 인구가 많은 나라들이 2000년대 이후 급성장하면서 더 많은 식량, 특히 육류와 유제품의 수요가 늘어났습니다. 이러한 현상은 결과적으로 사람이 먹는 식량에까지 영향을 미쳤습니다. 앞서 말했듯 소고기 소비가 늘어날

수록 사람이 아닌 소가 먹는 옥수수의 양이 늘어납니다. 전 세계의 곡물을 사고파는 거대 기업들이 있는데, 이런 회사들은 옥수수를 전 세계의 굶주린 사람들에게 저렴한 값에 식량으로 파는 것보다 소의 사료로 팔아 소고기를 얻는 편이 더 큰 이득입니다.

여기에 더해 옥수수를 이용한 바이오연료 개발까지 이어지면서 식량 부족 현상이 더 심해졌습니다. 바이오연료를 개발하려면 어마어마하게 많은 옥수수가 필요합니다. 그래서 여러 곡물 회사들이 다른 곡물을 재배할 수 있는 아프리카 땅에 옥수수를 기르기 시작했습니다. 이 옥수수가 자동차 연료의 원료로 쓰이면서 식량이 더욱 부족해진 거죠. 2007~2009년에 곡물 값이 올라 수많은 사람들이 굶주린 반면, 곡물을 파는 메이저 회사들이 거둔 이익은 40% 이상 늘어나는 아이러니한 일이 벌어졌습니다.

이때의 애그플레이션은 전 세계 경제와 사회 분야에 지각변동을 일으켰습니다. 부르키나파소 외에 서아시아의 이집트, 알제리, 리비아, 예멘, 바레인, 이란 등에서도 반정부 시위가 벌어졌습니다. 강압적인 정부나 독재자 아래 오랫동안 숨죽이며 살아온 국민들이 경제적 어려움에 맞닥뜨리자 거리로 나선 경우가 많았지요. 이집트에서 반정부 시위가 일어났을 때 국민들이 광장에서 "아이쉬(빵)! 호레아(자유)!"를 외친 이유도 이런 배경 때문이었습니다.

그리고 10여 년 뒤, 코로나19 사태와 러시아의 우크라이나 침략

이후 '애그플레이션'이 다시 주목받고 있습니다. 코로나19 팬데믹의 여파로 전 세계의 경제활동이 둔해지고, 무역을 위한 배의 운항이 멈추면서 식량을 수출·수입하는 데 어려움이 생겼기 때문입니다. 게다가 2022년 3월 러시아가 우크라이나를 침략하면서 상황은 설상가상으로 나빠졌습니다. 러시아와 우크라이나 모두 '유럽의 빵 공장'이라 불릴 만큼 곡물을 많이 생산하는 나라입니다. 두 나라에서 나오는 밀이 전 세계 전체 밀 생산량의 27%, 보리와 옥수수는 각각 23%, 14%를 차지할 만큼 세계 곡물 생산에서 비중이 큽니다.

우크라이나전쟁이 벌어지면서 곡물 생산이 줄고, 전쟁을 일으켜 유럽의 제재를 받은 러시아는 밀·옥수수·보리 등의 수출을 막기도 했습니다. 이 때문에 국제 밀 가격과 보리 가격은 더욱 오르고 있습니다. 식량 가격 상승은 다른 제품의 가격에까지 영향을 줍니다. 옥수수나 밀 등 가축 사료와 바이오원료의 원재료 값이 오르면서 소고기와 돼지고기 가격이 오르고 연료비가 오르는 탓에, 전 세계 물가는 한동안 들썩일 가능성이 높습니다.

또한 기후위기가 애그플레이션을 더욱 심화할 것이라는 전망도 있습니다. 지구온난화는 단순히 지구의 평균 기온을 높일 뿐만 아니라 가뭄과 장마, 한파 등 다양한 기후 문제를 만들어낼 수 있습니다. 예컨대 2021~2022년에는 중국의 장마, 남미의 가뭄, 호주의 한파 등 지구온난화에서 비롯된 이상기후로 지구 전체가 몸살을 앓았습니다. 농산물 생산량이 줄어든 건 물론이지요.

실제로 코로나19 팬데믹과 우크라이나전쟁 이후 식량 위기와 정치 불안에 놓인 나라가 2007~2008년만큼 속속 나타나고 있습니다. 특히 우크라이나와 러시아에서 주로 밀을 수입하는 소말리아와 이집트에서는 식량 부족 문제가 점점 심각해지고 있습니다. 스리랑카에서도 식량 부족 등 경제적 어려움에 항의하며 반정부 시위가 벌어져 2022년 4월에 국가 비상사태가 선포되었습니다. 이처럼 식량 위기는 개발도상국을 가장 먼저 습격합니다.

식량 문제를 해결하기 위해서라도 기후위기에 대처하는 노력이 필요한 시기가 다가오고 있습니다. 개발도상국의 가장 가난하고 배고픈 이들이 먼저 피해를 입겠지만, 결과적으로는 모든 나라가 식량 부족이라는 어려움을 겪을 가능성이 높습니다. 특히 우리나라처럼 농업이 쇠퇴하면서 식량자급률이 떨어지는 국가는 더 심각한 상황을 맞을 수 있습니다. 국내 농업을 보호하고 식량자급률을 높이는 데 힘써야 할 이유입니다.

오늘의 경제 키워드

❖ **애그플레이션** 농산물 가격이 급격히 올라 다른 물가까지 전반적으로 오르는 현상.
❖ **바이오연료** 식물·동물·미생물 등 재생할 수 있는 자원으로 만든 연료를 말한다. 대표적인 바이오연료로는 옥수수에서 나온 포도당을 이용해서 만들어내는 바이오에탄올이 있다.

애덤 스미스 동상

영국의 에든버러 로열 마일에 가면 '보이지 않는 손'으로 유명한
경제학자 애덤 스미스의 동상이 있다. 그는 경제학의 아버지로 불리기도 하지만,
그의 본업은 경제학자가 아니라 도덕철학자였다고 한다.
그런데 애덤 스미스는 인간이 이기심을 추구해야 바람직하다고 말한 사람 아닌가.
사람들의 이기심이 있어서 경제가 움직인다고 이야기한 인물이 도덕철학자였다니,
이율배반적이라는 생각이 든다.

#애덤스미스 #보이지않는손 #자유방임주의 #시장가격기구 #자본주의

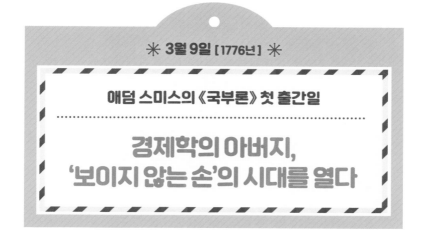

애덤 스미스의《국부론》첫 출간일

경제학의 아버지,
'보이지 않는 손'의 시대를 열다

1776년 3월 9일, 영국에서 한 학자가 책을 펴냈습니다. 제목은《국가의 부의 본질과 원인에 관한 고찰》. 훗날 '국부론'이라는 제목으로 불리게 된 책이지요. 고전경제학의 본격적인 기틀을 마련한 이 책은 산업혁명과 맞물려 자본주의 시대를 여는 중요한 역할을 합니다.

이 책을 쓴 사람은 애덤 스미스라는 정치경제학자이자 도덕철학자였습니다. 영국 스코틀랜드의 항구도시에서 태어난 그는 14세 때 글래스고대학에 입학해 수학, 도덕, 철학, 그리스 문학 등을 공부했지요. 이후 옥스퍼드대학에서 공부하고, 26세에는 글래스고대학 교수가 되어 도덕철학을 가르쳤습니다. 40세가 되던 1763년에 유럽을 여행하게 되었는데, 이때 프랑스의 사상가·중농주의자들과 어울릴 기회가 생겼습니다. 이 만남을 계기로 그 뒤 10년 가까이 《국부론》을 저술하는 데 노력을 기울였지요.

1776년에 출간된 《국부론》은 "나라의 부를 어떻게 늘릴 수 있는가?"라는 질문에 대한 애덤 스미스의 답을 서술한 책입니다. 그 무렵 유럽 각국에서 가장 관심을 쏟은 질문이었지요. 애덤 스미스는 이 물음에 대해 "국가가 나라 안 경제활동에 일일이 간섭하지 말고 내버려두어라" 정도의 대답을 했습니다. 자유롭게 내버려두는 점을 강조했기 때문에 그에게서 비롯된 사상을 '자유방임주의'라고 일컫기도 합니다.

사실 애덤 스미스의 답을 제대로 이해하려면 먼저 그 시기 유럽 국가들의 경제정책을 살펴보는 게 좋습니다. 당시는 16세기부터 이어진 절대왕정 시대였습니다. 절대왕정은 말 그대로 왕에게 절대적으로 강력한 권한이 집중된 정치체제인데, 왕의 힘을 강력하게 만들려면 무엇보다 부를 쌓는 게 중요했지요. 군대를 유지하고 왕의 신하인 관료들을 거느리려면 많은 돈이 필요했으니까요.

서로 국경을 맞대고 있는 유럽에서는 국가 간 전쟁이 심심치 않게 일어났기 때문에 절대왕정은 부유하고 강력한 나라를 만드는 데 큰 관심을 두었습니다. 다른 나라보다 부강한 나라를 만들기 위해 각국은 중상주의라는 사상을 따랐습니다. 중상주의란 무역과 상공업을 바탕으로 부강한 나라를 만들어야 한다고 주장하는 경제 이론입니다. 절대왕정의 왕들은 국내에서 만든 상품을 해외에 많이 내다 팔고 수입을 적게 해야 나라의 재산과 재물을 늘릴 수 있다고 생각했습니다. 이 때문에 국내 산업을 보호하고 다른 나라에서 들어온 상품에 관세를 높게 매기는 등 강력한 경제정책을 실시했지요. 또한 국가는 나라 안 상인들의 경제활동에 적극적으로 간섭했습니다.

애덤 스미스는 이 중상주의에 반기를 들었습니다. 중상주의와 보호무역 정책으로 얻은 금과 은은 국가의 지배계층에게만 돌아갈 뿐 모든 국민을 부유하게 하지는 못한다는 게 그의 주장이었습니다. 국가가 돈을 많이 벌고 잘 쌓아두는 것보다 국민이 쓰고 사용할 수 있는 상품을 활발하게 생산하는 것이 나라 전체가 부유해지는 길이라고 역설했습니다.

뿐만 아니라 나라 안 경제활동을 활발하게 하려면 개개인이 자신의 이익을 위해 부지런히 움직여야 한다는 말도 덧붙였습니다. 애덤 스미스는 이를 다음과 같이 표현했습니다.

"우리가 저녁 식사를 기대할 수 있는 건 푸줏간 주인, 양조장 주인, 빵집 주인의 자비심 덕분이 아니라 돈벌이에 대한 그들의 관심 덕분이다. 우리는 그들의 박애심이 아니라 자기애에 호소하며, 우리의 필요가 아니라 그들의 이익만을 그들에게 이야기할 뿐이다."

AN

INQUIRY

INTO THE

Nature and Caufes

OF THE

WEALTH OF NATIONS.

By ADAM SMITH, LL. D. and F. R. S.
Formerly Profeffor of Moral Philofophy in the Univerfity of Glasgow.

IN TWO VOLUMES.

VOL. I.

LONDON:

PRINTED FOR W. STRAHAN; AND T. CADELL, IN THE STRAND.
MDCCLXXVI.

—
1776년에 출간된
《국부론》 초판

즉 푸줏간 주인과 빵집 주인 등 모든 사람이 자신의 이익을 위해 맡은 몫의 일을 열심히 하면 자연스레 나라 안의 생산활동이 활발해집니다. 덕분에 시장에서 거래가 활발히 이루어지고, 생산과 소비·분배 활동이 활발해지면서 국가는 부를 쌓아나갈 수 있지요. 개인은 자신의 이익을 위해 움직였을 뿐인데 공공의 이익까지 실현되는 셈입니다.

이렇게 마법 같은 일이 벌어지는 이유를 애덤 스미스는 '보이지 않는 손' 덕분이라고 표현했습니다. '보이지 않는 손'은 시장가격이라는 작동 원리를 말합니다. 제빵업자가 빵을 만들고 나서 적당한 값을 제시하면 이 가격에 빵을 사고자 하는 소비자가 돈을 치르고 빵을 사갑니다. 누가 강제하거나 명령하지 않아도 가격의 마법에 따라 가장 필요한 사람에게 적절한 양의 빵이 배분되는 셈이지요. 효율적인 자원 배분이 절로 이루어지게 만드는 힘, 이 모든 것이 시장 가격기구에서 비롯된다고 이야기한 겁니다.

애덤 스미스가 국부를 늘리는 방법으로 강조한 또 하나는 '분업'입니다. 국가의 부를 늘리는 데 중요한 것은 '노동'인데, 분업은 노동의 생산성을 높여준다고 본 것입니다. 예컨대 기술이 부족한 노동자 한 명이 핀 1개를 만든다고 가정하면, 하루에 20개를 제대로 완성하기에도 시간이 부족합니다. 반면 전체 생산과정을 철사 자르기, 뾰족하게 만들기 등 18개 단계로 나누어 10명의 숙련된 장인이 맡는다면 작업 속도가 빨라지고 공정을 바꾸는 데 드는 시간도 절약됩니다. 이렇게 해서 핀 생산량은 4만 8000개까지 늘어날 수 있습니다.

애덤 스미스가 인간의 이기심을 강조했다는 점에 집중해서 그를 피도 눈물도 없는 냉철한 경제학자로 보는 경우가 있지만 사실이 아닙니다. 그가 이야기한 '이기심'은 나만 잘살겠다는 마음이 아니라, 인간의 본성에 걸맞게 더 잘 먹고 더 잘 살고자 하는 마음을 말합니다. 국가가 경제에 지나치게 간섭하던 당시의 정책을 비판하고 시장의 자유, 무역의 중요성을 강조한 것이 애덤 스미스가 주장한 핵심입니다.

애덤 스미스는 시장의 자유만큼 분배의 중요성도 잘 알고 있었습니다.《국부론》보다 먼저 집필한《도덕감정론》에서 그는 "시장은 절대 사람과 동떨어져서 존재할 수 없다. 시장의 힘이 비인간적이라고 하여 사람들까지 비인간적이 돼서는 안 된다"고 강조한 바 있습니다. 내 이익을 위해 남을 희생시켜도 된다거나 시장원리가 만능이라고 말하지는 않았습니다.

애덤 스미스의 사상은 산업자본주의의 발달에 큰 영향을 주었습니다. 그 뒤로 오랫동안 자본주의 국가들은 무역이나 상업 등 경제활동에 간섭하지 않는 자유방임주의를 채택했습니다. 말 그대로 개인과 기업의 경제활동을 자유롭게 놓아두면, 시장이 저절로 균형점을 찾아간다는 뜻이었지요. 그러나 도덕과 분배를 강조

오늘의 경제 키워드

❖ **중상주의** 15~18세기 절대왕정 시기에 유럽 국가들이 추구한 경제사상. 금과 은을 더 많이 갖는 것이 국가를 지키고 국력을 신장하는 길이라 믿었으며, 그러려면 수출을 촉진하고 수입을 억제해야 한다고 생각했다.

❖ **보이지 않는 손** 수요와 공급을 조절하는 시장의 가격기구를 비유한 말.

❖ **자유방임주의** 애덤 스미스의 사상에서 비롯된 생각으로, 국가는 개인의 경제활동에 간섭하지 않고 자유를 최대한으로 보장해야 한다는 경제사상이다. 산업혁명 이후 나타난 산업자본주의의 발달에 큰 영향을 끼쳤다.

한 애덤 스미스의 생각보다는 인간의 이기심, 시장의 자유에 관한 그의 의견만 부각되어 오해받는 경우가 많아 안타까움을 자아냅니다. 애덤 스미스는 부와 탐욕만 강조한 냉정한 학자가 아니라 국가공동체의 더 밝은 미래를 꿈꾸던 인물이었다는 점을 기억할 필요가 있습니다.

매일: 첫 5000일

세계적으로 유명한 예술품을 거래하는 영국의 크리스티 경매장.
2021년 3월 11일, 비플(Beeple)이라는 예명으로 활동하는 디지털 아티스트
마이크 윈켈만의 전시 기록도 없는 작품이 무려 6930만 달러(약 783억 원)에 팔렸다.
경매 시작 가격은 100달러였지만 낙찰가가 그 70만 배에 달해 놀라움을 자아냈다.
더 놀라운 것은 이 예술작품이 그림이나 조각이 아니라 JPEG 그림 파일을 모은
디지털 이미지라는 사실이다. 윈켈만이 자신의 SNS에 매일 업로드한 디지털 이미지
5000개를 모아 〈매일: 첫 5000일(Everydays: The First 5000 Days)〉이라
이름 붙인 작품이었다. 현재 살아 있는 작가의 작품 중 세계에서 세 번째로 높은 값이자,
폴 고갱이나 살바도르 달리 같은 유명 예술가의 작품보다 더 비싼 가격이다.
디지털 공간에서 만들어진 작품이 엄청난 가격에 팔린 비결은 무엇일까?
윈켈만이라는 예술가의 창조성에 근본적인 답이 있겠지만,
NFT라는 개념에서 답을 찾을 수도 있다.

#NFT #대체불가능토큰 #희소성 #경제재 #자유재 #미국판봉이김선달사건

NFT는 대체 불가능 토큰Non-Fungible Token이라는 의미의 단어입니다. 토큰은 한때 우리나라에서 버스 요금을 낼 때 돈 대신에 내던 동전 모양의 물건을 일컫지요. 대체 불가능 토큰은 아무나 손댈 수 없고 다른 것으로 쉽게 교환할 수 없는 이용권을 디지털 파일에 부여하는 기술입니다. 단순한 디지털 파일이 아니라 그림이나 게임·음악·영상 등의 파일에 고유 값이나 일련번호를 매겨 대체할 수 없게 만든 것을 가리킵니다.

윈켈만의 작품 이전에도 2017년에 고양이를 만드는 게임인 크립토키티CryptoKitties의 디지털 고양이가 1억 원 넘는 가격에 거래되었고, 2021년 2월에는 테슬라의 최고경영자 일론 머스크의 아내가 디지털 그림 컬렉션을 580만 달러(약 65억 원)에 팔면서 화제를 모으기도 했지요.

NFT가 인기를 끈 요인을 들여다보면 희소성이라는 개념을 찾을 수 있습니다. 희소성은 인간의 욕망에 견주어 자원의 양이 부족한 상태를 말합니다. 윈켈만의 인스타그램에 접속하면 누구나 그의 작품을 볼 수 있습니다. 그러나 이 작품에 대체 불가능한 일련번호와 고유 값이 매겨지면서 '특별함'과 '고유함'을 갖추어 값을 치러야 구할 수 있게 된 것이지요.

희소성이 있는 상품은 대체로 시장에서 돈을 주고 사야 하는 경우가 많습니다. 경제적 선택의 대상이 되기 때문에 경제재라고 불리지요. 다수가 갖기를 원하는 상품일수록 희소가치가 높다고 할 수 있습니다. 2022년에 포켓몬빵을 사기 위해 줄을 선 사람들의 모습, 인기 가수의 콘서트 티켓이 몇 초 만에 매진되는 사례에서 희소가치의 힘을 느낄 수 있지요. 단순히 희귀한 것과는 다릅니다. 희귀한 것은 그 수가 적은 것을 뜻하지만, 희소한 것은 '사람들이 소유하고자 하는 욕망에 비해 상대적으로 수가 적은 것'을 의미하니까요. 희소가치가 높을수록 윈켈만의 작품처럼 비싸게 팔리게 마련입니다.

희소성은 장소나 상황, 시대마다 달라질 수 있으며 그에 따라 어떤 물건의 가치가 올라가기도 하고 내려가기도 합니다. 먼 옛날에는 소금이 매우 귀한 물건이었다고 합니다. 육류의 부패를 막고 인간의 건강을 유지하는 데 필요한 조미료였기 때문입니다. 바닷물에서 소금을 얻으려면 몹시 어려운 과정을 거쳐야 해서 국가가 직접 생산하고 판매할 정도였지요. 16세기 이탈리아에서는 소금을 금보다 비싼 고급 사치품으로 여겨 귀한 손님을 초대하면 음식에 소금을 듬뿍 넣어 내놓을 정도였다고 합니다. 그러나 가공 소금을 만들 수 있게 되면서 공급이 점점 늘었고, 인간의 생활에 꼭 필요한 재화이긴 하지만 예전만큼 희소가치가 높지는 않습니다. 물론 시장이나 상점에서 돈을 치르고 사야 하므로 여전히 경제재에 해당하지요.

희소성이 아예 없는 자원도 있습니다. 햇빛이나 공기 등이 이에 해당하는데 자유재라고 불립니다. 돈을 주고 거래할 필요가 없습니다. 그러나 안타깝게도 깨끗한 물이나 공기처럼 자유재였던 자원이 환경오염 때문에 경제재로 바뀌는 일이 벌어지고 있습니다. 우리나라에서도 미세먼지 문제가 심각해지면서 지리산의 맑은 공기를 담은 산소 캔 상품이 인기를 끈 적이 있지요. 앞으로 환경오염이 심각해질수록 깨끗한 공기도 돈을 주고 사야 하는 암울한 미래가 펼쳐질 가능성이 높습니다.

가끔은 희소성을 이용한 속임수를 쓰는 사람들도 있습니다. 1980년, 데니스 호프라는 미국인이 흥미로운 사업을 벌였습니다.

'루나엠버시Luna embassy'라는 회사를 세우고 화성이나 달 등의 행성을 판다는 식의 광고를 낸 것이지요. 놀랍게도 이 광고를 보고 전 세계 600만 명 이상의 사람이 호퍼에게서 '우주 부동산'의 소유권을 사들였습니다. 사실 우주 행성에 있는 땅은 사고팔 수 있는 물건이 아닙니다. 1967년에 유엔에서 만든 우주 조약에 따르면 어떤 국가도 우주의 천체에 대한 소유권을 주장할 수 없습니다. 호프는 자유재인 우주의 행성을 개인이 소유할 수 있는 경제재인 양 팔아넘긴 것이지요. 그가 우주 부동산을 팔아 벌어들인 돈만 해도 70억 원이 넘었지만, 호프는 교묘하게 법의 심판을 피해갔다고 합니다. '미국판 봉이 김선달'이라 할 만하지요.

앞에서 말한 NFT도 잠깐의 유행에 편승해 고가로 팔린 것일 뿐 일종의 속임수라고 주장하는 이들이 있습니다. 심지어 785억 원에 작품을 팔았던 마이크 윈켈만 스스로도 "NFT는 거품 상태"라고 했습니다. 반면 디지털 시대가 열린 만큼 NFT 시장은 오랫

오늘의 경제 키워드

✣ **희소성** 인간의 욕망에 견주어 자원의 양이 부족한 상태.
✣ **경제재** 희소성이 있어서 돈을 주고 사야 하는 재화.
✣ **자유재** 희소성이 없어서 공짜로 구할 수 있는 재화. 햇빛·바닷물 등이 있다.

동안 지속가능한 힘을 품고 있다고 주장하는 사람들도 있습니다. NFT 미술작품이 앞으로 꾸준히 예술계의 슈퍼스타로 자리 잡을까요? 그 희소가치가 어디까지 올라갈지 많은 이들이 궁금해하고 있습니다.

마블 히어로 중 최고 인기 캐릭터 아이언맨

〈아이언맨〉의 주인공인 천재 CEO 토니 스타크는 위기에 빠질 때마다 슈트를 입고
아이언맨으로 변신한다. 이 아이언맨을 물심양면으로 돕는 캐릭터가 있다.
바로 인공 지능 비서 쟈비스다. 쟈비스는 뛰어난 분석 능력으로
토니가 위기 상황을 헤쳐 나갈 방안을 알려준다.
토니의 감정을 헤아리고 농담을 주고받을 만큼 뛰어난 능력까지 겸비했다.
쟈비스처럼 뛰어난 능력을 갖춘 인공지능 비서가 등장할 날이 올까?
이처럼 기술이 고도로 발달하면 인류의 미래는 밝아질까? 아니면 위험해질까?

#인공지능 #이세돌 vs 알파고의대결 #로봇 #구조적실업 #4차산업혁명

인공지능이 바둑 천재를 4 대 1로 이긴 날

4차 산업혁명과 일자리의 미래

2016년 3월 15일, 서울의 한 호텔. 바둑판 위의 조용한 대결이 끝났습니다. 세기의 바둑 천재라 불리는 이세돌 9단과 인공지능 알파고의 대결이었지요. 인공지능은 이미 체스 챔피언을 제치거나 퀴즈 프로그램에서 역대 우승자를 제치고 승리를 거두며 능력을 입증한 바 있었습니다. 그러나 게임 전개가 간단하지 않은 바둑의 경우, 이세돌 9단의 우승을 점치는 전문가가 많았어요. 그런데 놀랍게도 많은 이들의 예상을 뒤엎고 알파고가 이세돌 9단을 4 대 1로 누르고 승리를 거머쥐었습니다.

알파고의 승리는 사람들에게 큰 놀라움을 안겨주었습니다. 인공지능이 복잡한 머리싸움에서 인간을 능가할 정도로 성장했다는 사실을 보여준 결과였으니까요.

인공지능Artificial Intelligence은 컴퓨터가 인간처럼 학습, 문제해결, 패턴 인식과 같은 지능을 갖추게 만든 체계를 말합니다. 한마디로 '인간처럼 생각하는 기계'인 셈입니다. 인공지능 분야의 연구가 처음 시작된 1950년대에는 간단한 문제를 푸는 수준의 능력만 있었지만, 1990년대 후반부터 인터넷 기술이 발달하면서 인공지능 역시 검색 엔진 등을 통해 엄청난 양의 정보를 모을 수 있게 되었습니다. 그 뒤로 인간의 지능을 닮은 정도가 아니라 인간의 지능을 능가하는 수준의 기술 발달도 가능해졌습니다. 알파고의 승리는 인공지능의 발달이 놀라운 수준에 이르렀음을 보여준 사건이었지요.

이제 인공지능은 화젯거리로만 등장하는 존재가 아닙니다. 우리 삶 구석구석에서 존재감을 드러내고 있지요. 인공지능뿐 아니라 기계가 사람을 대신하는 일도 이어지고 있습니다. 대형 마트에는 사람 대신 무인 계산대가 서고, 무인 편의점이나 아이스크림 가게가 인기를 끌고 있지요. 패스트푸드점에는 종업원 대신에 키오스크가 자리 잡고, 음식점에서는 사람 대신에 서빙 로봇이 음식을 나르는 모습도 볼 수 있습니다. 우리나라의 많은 광고에서 가상 인간 모델이 활약하는 모습도 이제 낯선 풍경이 아닙니다.

앞으로는 인공지능뿐 아니라 사물인터넷, 빅데이터, 드론, 자율주행차, 가상현실 등 디지털 기술의 발달로 우리 삶과 생산방식에 큰 변화가 나타나리라 전망합니다. 운전기능을 익힌 인공지능 택시가 사람 없이 자율 운전을 하거나, 스포츠 경기장에서 사람 대신에 인공지능이 심판을 맡는 미래도 멀지 않았다고 합니다.

이처럼 4차 산업혁명이 진행되면 인간이 단순하게 반복하던 일에서 해방될 거라는 장밋빛 전망도 있습니다. 반면 어두운 미래를 예측하는 이들도 있습니다. 4차 산업혁명이 일어나면 사람이 하던 일을 인공지능이나 로봇이 대체하면서 일자리를 잃는 사람이 많아질 거라는 이야기가 나옵니다. 자율주행차 운행으로 버스나 택시를 운전하던 사람들의 일자리가 사라지고, 연예인들이 인공지능 모델이나 인플루언서에게 자리를 내주어야 하는 상황도 오겠지요. 인류의 직업 세계가 얼마나 크게 변화할지 보여주는 예측도 있었습니다. 2016년 스위스에서 열린 다보스 세계경제포럼에서는 전 세계 7세 어린이들의 65%가 현재 존재하지 않는 새로운 직업에 종사할 것이며, 곧 15개국에서 716만 개의 일자리가 사라질 거라는 전망을 내놓았습니다.

이렇게 산업구조가 바뀌면서 사람들이 일자리를 잃는 경우를 경제학에서는 '구조적 실업'이라고 합니다. 산업혁명 이후 기계로 생산이 가능해지면서 높은 임금을 받던 숙련노동자들이 대규모로 일자리를 잃은 것이 대표적인 예입니다. 당시 숙련노동자들은 이런 상황에 불만을 품고 공장의 기계를 부수는 '러다이트운동(기계파괴

^{운동})'을 벌이기도 했지요. 4차 산업혁명은 이보다 더 큰 지각변동을 불러올 것으로 예측됩니다. 인공지능이나 로봇이 쓰일 수 있는 분야가 매우 다양하기 때문입니다.

심지어 과학기술이 우리 생각보다 빨리 발달하기 때문에 어떤 일자리가 먼저 사라질지 예측하기 어렵기도 합니다. 몇 년 전만 해도 4차 산업혁명으로 텔레마케터, 음식점이나 마트 직원, 세무대리인이나 보험 조정인 등 단순 업무를 하는 사무직이 가장 먼저 사라지고, 디자이너나 IT 개발자 등 창의력을 요구하는 직업이 새롭게 떠오를 거라고 전망했습니다. 그런데 최근 들어 AI 화가가 그린 그림이 미국의 미술대회에서 상을 받거나 AI 일러스트레이터가 몇 분 만에 그림을 그려내는 등, 창작 영역에서도 인공지능이 두드러지게 발달한 면모를 보이고 있습니다.

그림 그리기나 소설 쓰기 같은 분야에서도 인공지능이 사람의 일자리를 빼앗을 수 있다는 예측이 가능하지요. 최근 들어 시도 짓고 논문까지 쓴다는 '챗GPT'라 불리는 언어모델 인공지능이 시장에서 많은 관심을 받고 있는데, 이 역시 이런 우려를 가중하고 있습니다. 이렇듯 일자리가 사라지면 사람들의 소득이 줄고, 이 때문에 소비까지 줄어 경기침체가 심각해질 수도 있습니다.

새롭게 나타날 구조적 실업 문제를 어떻게 해결할 수 있을까요? 실직자들이 이른바 '뜨는 산업'에 필요한 기술을 익혀 일자리를 옮기는 게 가장 바람직한 해결 방법입니다. 그런데 이것도 쉽지 않습니다. 앞으로 가장 각광받는 직업은 소프트웨어 개발자나 IT 기술자가 될 가능성이 높습니다. 그러나 단순 제조업이나 사무직에서 일하던 사람들이 단시간에 고도의 IT 기술 등을 배워 직업을 바꾸기는 힘듭니다. 4차 산업혁명은 발 빠르게 움직이는 IT 기업이나 빅데이터 전문가, 인공지능 설계자 등에게는 많은 돈을 벌 수 있는 기회입니다. 그러나 사무직이나 관리직 등의 직업에 종사하던 이들은 일자리나 소득을 잃고 경제적 어려움에 빠질 수 있지요. 결과적으로 사회가 극소수의 부자와 대다수의 가난한 자들로 나뉘는 '양극화' 현상이 심각해지리라는 전망도 있습니다.

이렇게 생각하면 2016년에 알파고가 이루어낸 승리는 단순히 인공지능이 인간을 이겼다는 사실로만 그치지 않습니다. 과학기술의 발달이 우리 삶에 어떤 영향을 미칠지 되짚어보게 만듭니다. 과학기술의 발달이 가져오는 밝은 미래뿐 아니라 인간의 일자리에 어떤 변화가 올지 다양한 측면에서 상상력이 필요한 시점이지요.

오늘의 경제 키워드

❖ **인공지능** 사고나 학습, 추론 등 인간의 지적 능력을 컴퓨터를 통해 실현하는 기술.
❖ **구조적 실업** 새로운 기술이 발달하거나 산업구조가 바뀜에 따라 예전 기술이나 일자리가 필요 없어지면서 발생하는 실업.

옛날에 유럽에서 쓰던 피아노

검은건반과 흰건반의 위치가 요즘 피아노와 달라 눈길을 끈다.
여기에는 비밀이 있다. 피아노는 오늘날 대중적으로 널리 사랑받는 악기이지만,
17세기 말 이탈리아에서 처음 만들어졌을 당시에는 부자들을 위한 사치품이었다고 한다.
악기 수리공이 '메디치 가문'이라는 유럽의 어마어마한 부자 가문을 위해 만든 악기여서
재료도 고급스러웠다. 건반은 단단한 목재인 흑단과 수컷 코끼리의 흰색 상아로 만들었다.
특히 상아가 엄청나게 비쌌기 때문에 당시에는 피아노의 검은건반이 아래에,
흰건반이 지금의 검은건반 자리에 있었다. 귀족들의 고급 취미를 위해
코끼리들은 자신의 엄니를 뺏겼던 셈이다.

#아프리카코끼리 #멸종위기종 #공유지의비극 #왜공유자원은쉽게고갈되는가

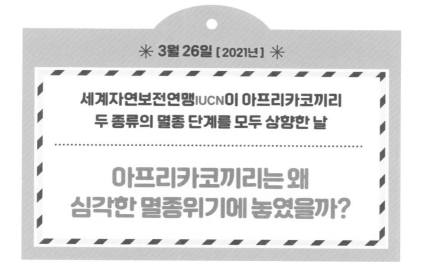

세계자연보전연맹IUCN이 아프리카코끼리
두 종류의 멸종 단계를 모두 상향한 날

아프리카코끼리는 왜
심각한 멸종위기에 놓였을까?

    '하얀색 금'이라고 불리는 상아는 오랫동안 사랑받아온 공예품 재료였습니다. 단단할 뿐 아니라 가공하기 쉽고, 크기와 무게가 적당했기 때문입니다. 지금은 플라스틱이 그 자리를 대신하는 경우가 많지만, 예전에는 피아노 건반뿐 아니라 도장이나 당구공, 단추, 장식품을 만드는 데도 쓸모가 있었습니다. 그래서 '하얀색 금'이라고 불리기도 했지요. 그만큼 귀하고 값비싼 재료로 사랑받았음을 알 수 있습니다.

    그런데 코끼리에게는 상아가 단순한 엄니가 아닙니다. 수컷끼리 싸우거나 다른 동물에게서 새끼를 지킬 때 엄청난 힘을 발휘하기 때문에 생명을 유지하는 중요한 수단이기도 하지요. 그러나 어느 순간 상아는 도리어 코끼리에게 비극을 안겨주는 원인이 되었습니다. 상아를 노리는 인간의 욕심이 원인이었습니다.

2021년 3월 26일, 멸종위기의 동식물을 조사하는 기관인 세계자연보전연맹IUCN이 아프리카에 사는 코끼리 두 종류의 멸종 단계를 모두 상향했습니다. 아프리카코끼리는 콩고분지의 열대우림에 사는 둥근귀코끼리, 초원과 사막에 분포하는 사바나코끼리로 구분합니다. 그런데 두 종류 모두 개체수가 줄면서 그동안 '취약' 수준이던 멸종위기 등급이 각각 '위급'과 '위기' 단계가 된 겁니다. 바꿔 말하면, 아프리카의 코끼리가 멸종 바로 직전에 이를 정도로 위기종이 되었다는 뜻입니다.

왜 이런 일이 벌어졌을까요? 다양한 원인이 얽혀 있습니다. 먼저 사람들이 농업을 위해 밀림을 개발하자 나무가 줄면서 자연히 아프리카코끼리의 생활 터전이 줄어든 것이 멸종위기의 중요한 원인입니다. 서식지가 없어진 탓에 많은 코끼리들이 굶주림에 시달리다 죽음에 이르렀습니다.

무분별한 사냥도 문제입니다. 아프리카코끼리는 아시아코끼리보다 상아가 단단하고 색깔이 잘 변하지 않아 이를 노리는 밀렵꾼들의 사냥 대상이 되어왔습니다. 어느 코끼리 보호단체에 따르면 밀렵꾼의 손에 죽는 코끼리가 하루 평균 96마리에 이른다는 조사 결과도 있습니다. 특히 국제 범죄 조직과 관련되어 밀렵이 불법으로 이루어진 2008년 이후부터 코끼리의 수가 급격히 줄어든 것으로 나타났습니다.

코끼리 같은 야생동물에게는 비극이 더욱 쉽게 일어날 수 있습니다. 아무한테도 소유권이 없으면 사냥을 해도 큰 제재를 받지 않기 때문입니다. 여기에 사냥 경쟁까지 이어져 문제는 더 심각해집니다. 다른 사람이 먼저 코끼리를 사냥하면 다른 사람은 상아를 얻을 수 있는 기회를 잃는 셈이니까요. 이 때문에 밀렵꾼들이 코끼리를 남보다 먼저, 더 많이 사냥하려 하면서 경쟁적으로 밀렵을 하다 보니 코끼리의 개체수가 더 일찍 줄어든 것이지요.

비단 아프리카코끼리만의 문제일까요? 지구촌 곳곳의 생태계가 비슷한 문제로 몸살을 앓고 있습니다. 바다의 물고기도 주인이

— 아프리카코끼리

따로 없으니 어부들이 고기를 최대한으로 잡습니다. 많은 어부들이 고기를 제한 없이 잡을 수 있다 보니 어족이 고갈되는 일이 생기지요. 이처럼 여러 사람이 공유하는 자원의 경우, 한 사람이 이를 사용하면 다른 사람이 사용할 수 없기 때문에 사람들은 남들보다 더 먼저, 더 많은 양의 자원을 사용하려 듭니다. 개인이 저마다 자기 이익만 생각해 욕심을 부리는 결과, 공동체에게 이익을 줄 수 있는 자원이 빨리 사라지는 현상이 일어납니다. 경제학에서는 이를 '공유지의 비극(공유자원의 비극)'이라고 합니다.

1833년에 영국의 경제학자 윌리엄 로이드는 가상의 목초지 이야기를 하며 공유지의 비극을 설명했습니다. 기름진 풀밭이 있는 마을 공유지에는 여러 농부가 자신의 소를 끌고 올 수 있습니다. 농부들은 자기 이익을 늘리기 위해, 큰 문제 없이 유지되던 공유지로 더 많은 소를 끌고 옵니다. 결국 경쟁이 붙어 풀이 금세 사라지고, 공유지가 황무지로 바뀔 수 있다는 것이지요.

공유지의 비극은 보통 소유자가 따로 없어서 누구나 공짜로 사용할 수 있는 자원을 한 사람이 사용함으로써 다른 사람이 사용을 제한받는 경우에 발생합니다. 이러한 현상은 단순한 경제 현상에 그치지 않고 인류에게 심각한 위협이 되고 있습니다. 우리가 사는 지구촌의 수많은 동식물과 자원이 인간의 탐욕 때문에 사라지고 있으니까요.

이처럼 생태계가 무너지면 그 피해는 인간에게 돌아옵니다. 아프리카코끼리의 한 종인 둥근귀코끼리의 경우만 봐도 그렇습니다. 둥근귀코끼리는 '거인 정원사'라는 별명으로 불립니다. 나뭇잎과 열매, 씨앗 등을 먹은 뒤, 배설물을 통해 식물의 씨앗을 먼 거리로 옮기는 역할을 하기 때문입니다. 뿐만 아니라 지름 30센티미터가 넘지 않는 작은 나무나 풀을 주로 먹기 때문에 키가 크고 단단한 나무들이 더 많은 빛을 받으며 울창하게 자라도록 돕습니다. 이 나무들은 기후변화를 일으키는 이산화탄소를 저장하는 능력을 지니고 있습니다. 따라서 열대림을 유지하는 데 중요한 역할을 하는 코끼리가 사라지면 그만큼 지구온난화가 심각해질 것이고, 그 피해는 인간에게 고스란히 돌아오게 됩니다.

공유지의 비극을 줄이려면 어떤 노력이 필요할까요? 예전에는 많은 경제학자들이 공유자원을 개인 소유로 만들어 관리하면 문제가 줄어든다고 했습니다. 소유권이 생기면 그 소유권을 가진 이들이 관리하고 제한하니 자연스레 공유지의 비극이 덜 일어난다는 주장이지요. 한편 2009년 노벨경제학상을 받은 엘리너 오스트롬은 지역 주민이나 공동체가 자율적으로 규칙을 만들어 공유자원을 관리하는 것이 좋다고 했습니다. 그는 미국 메인주에서 어부들이 공동체의 규칙과 순서를 만들어 지키면서, 지나친 어획으로 사라질 뻔한 바닷가재 어장을 되살린 일을 예로 들었지요.

오스트롬의 견해는 우리에게 큰 시사점을 줍니다. 전 세계 모든 나라가 인류의 생존을 위해 지구를 소중하게 관리해야 할 재산으로 여기고 규칙을 만들어 다 함께 지켜나가야 한다는 점입니다. 아프리카코끼리도 지구 생태계도 '공동의 책임감' 없이는 지키기 어렵다는 사실을 기억해야겠습니다.

오늘의 경제 키워드

❖ **공유지의 비극** 초지·공기·어류·지하자원 등 누구나 사용할 수 있는 자원에 대해, 개인이 자기 이익만 추구하여 자원이 쉽게 고갈되는 현상.

음력 1월 1일 설날

설날은 새로운 해가 시작되는 큰 명절입니다. 설이 다가
올 무렵이면 우리 정부는 민생 안정 대책을 발표합니다.
주로 장바구니 물가를 잡기 위해 차례에 쓰는 사과·배
등의 과일, 소고기·돼지고기 등의 육류, 조기를 비롯한
생선 등의 가격을 안정시키려 합니다.

설날 상차림.
정부는 명절이 다가오면 특별히 민생 안정 대책을 세운다.

차례 상에 오른다는 이유 말고도 이러한 상품 가격에 특별히 신경 쓰는 이유가 있습니다. 과일이나 생선, 고기 등은 명절이 아니더라도 식생활에 꼭 필요한 상품이기 때문입니다. 이런 상품의 가격이 오르면 서민들의 생활에 더 큰 영향을 끼칠 수 있지요. 예컨대 밸런타인데이를 앞두고 초콜릿 값이 오른다고 해서 큰 문제가 되지는 않습니다. 그 가격이 지나치게 비싸면 굳이 사 먹지 않아도 되니까요. 그렇지만 채소, 과일, 생선, 고기 등은 사람이 살아가기 위해 먹어야 하는 식품이기 때문에, 값이 올라도 수요를 줄일 수 없습니다.

공급 면에서도 마찬가지입니다. 공산품과 달리, 사람들이 갑자기 많이 찾는다고 해서 농부나 어부들이 짧은 시간 안에 생산량을 늘릴 수는 없는 먹을거리들이죠. 명절을 앞두고 과일이나 육류 소비가 늘어나 값이 몇 배씩 뛰면 서민들의 생활을 어렵게 만들 가능성이 있습니다.

조선 시대 박지원이 쓴 《허생전》에서 허생은 시장에 나와 있는 대추, 밤, 석류, 유자 따위를 싹쓸이한 다음, 가격이 열 배나 오른 뒤에 도로 팔아 큰 이득을 봅니다.

이 상품들은 아무리 비싸고 귀해져도 사람들이 제사상에 올리려고 꼭 사야 하기 때문에 더욱 큰돈을 벌 수 있었던 거죠.

　정부는 이런 문제에 대비해 명절이면 수요가 느는 상품을 성수품(특정한 시기에 유독 많이 팔리는 상품)으로 정해 가격변동을 조사합니다. 가격이 지나치게 오른다 싶으면 정부가 미리 마련해둔 성수품을 시장에 풀거나 소비자에게 할인 쿠폰을 주는 등의 조치를 내려 급격한 물가 상승을 막으려 합니다. 물가가 올라 국민들이 어려움을 겪지 않게끔 가격을 간접적으로 조정하는 거지요.

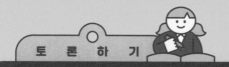

기본소득제, 실현 가능한 제도일까?

2020년 국내 한 여론조사기관에서 실시한 기본소득제 도입 찬반 투표 결과(응답자 500명)

사회자 기본소득은 모든 국민에게 일정 금액을 아무 조건 없이 규칙적으로 지급하는 정책입니다. 기본소득 도입이 가능한지를 놓고 오늘 토론을 진행해보겠습니다. 먼저 기본소득제에 찬성하는 유미래 님부터 의견을 말씀해주시겠어요.

유미래 앞으로 4차 산업혁명이 진행되고 로봇이나 인공지능 때문에 사람들의 일자리가 점점 줄어들 것으로 예상됩니다. 기술혁신으로 일자리와 소득이 줄면 이전처럼 노동임금으로 먹고살기 어려운 때가 올 것입니다. 이 문제를 해결하기 위해 기본소득제를 실시할 필요가 있다고 봅니다.

김유지 우리나라에는 이미 기초생활수급자제도나 구직수당 등 다양한 복지제도가 있습니다. 이런 복지제도를 보완하고, 생활이 어려운 사람부터 도와야 하지 않을까요? 한정된 예산으로 기본소득부터 지급하는 건 위험한 발상이라고 생각합니다. 게다가 아무 조건도 없이 돈을 나눠준다면 사람들이 일하기 싫어하고 나태해지지 않을까요?

유미래 지금 우리나라에서 운용하는 사회복지제도는 대부분 '노동소득'을 바탕으로 만들어졌습니다. 평소에 근로자들에게서 의료보험비 등을 받고 위험해졌을 때 돕는 식이지요. 실업수당도 직업을 잃었을 때 받을 수 있는 돈입니다. 그렇지만 앞으로는 로봇과 인공지능의 등장으로 사람의 일자리 자체가 사라지는 상황이 오기 때문에, 기존의 제도로는 해결하기 힘든 가난이 여러 사람에게 닥칠 것입니다. 열심히 일하는데도 빈곤한 사람들이 더 많아질 테고요. 이런 문제를 해결하기 위해 기본소득이 필요하다고 생각합니다.

김유지 유미래 님 말대로 기본소득이 바람직한 제도라는 것은 이해합니다. 그러나 국가 예산이 한정되어 있는 현실은 어떻게 하나요? 전 국민에게 기본소득으로 매달 30만 원씩만 나눠주어도 1년에 180조 원이라는 어마어마한 돈이 필요하다는 조사 결과도 있습니다. 이런 제도를 실시하려면 세금을 더 많이 거두어야 하는데, 이게 가능할까요? 실제로 기본소득을 제대로 실시하고 있는 나라도 없지 않습니까?

유미래 지금까지 시행하고 있는 기초생활보장제도나 아동수당 등 복지제도에 드는 돈을 기본소득제에 통합해서 쓰면 불가능한 일도 아닙니다. 그리고 기본소득이 본격적인 제도로 정착된 나라는 없지만 미국·캐나다·인도 등에서는 수많은 실험이 이루어졌습니다. 뿐만 아니라 미국 알래스카주에서는 벌써 40년 전부터 매년 10월에 영구기금배당이라는 돈으로 기본소득을 나눠주고 있습니다. 알래스카는 미국에서 빈곤율이 낮고 소득불평등도 적은 지역이지요.

김유지 그건 알래스카주에 풍부한 석유자원이 있기 때문에 가능한 일입니다. 석유와 천연가스로 수익을 얻어 그 수익으로 돈을 나눠주는 것 아닙니까. 우리나라는 알래스카와 다릅니다. 인구는 더 많고 자원은 부족합니다.

유미래 자원이 부족하다고 하셨는데, 달리 생각해볼 수도 있습니다. 알래스카에서는 '석유자원은 개인의 것이 아니라 공동의 소유'라는 생각에서 영구기금배당을 만들고 나눠주기 시작했어요. 이런 방식으로 생각하면 우리나라에도 공동의 소유라 볼 수 있는 자원이 많습니다. 우리가 구글이나 다음, 네이버 등에 제공하는 인터넷 데이터는 어떤가요? 이 데이터가 없으면 이런 거대 기업도 돈을 벌 수가 없는데, 그 대가는 하나도 나눠주지 않습니다. 이 IT 기업들에서 데이터세 등을 걷어 기본소득을 제공하는 것도 한 방법이지요.

김유지 IT 기업들이 그런 일에 찬성할까요? 그리고 본래 있던 복지제도를 없애면 저소득층과 사회 취약계층은 더 큰 손해를 입는 것 아닐까요? 또한 재산이 충분히 많거나 근로 능력이 있는 사람들이 기본소득을 받으면 그거야말로 평등에 어긋난 일이라고 생각합니다.

유미래 현재의 복지제도는 가난하거나 생활이 어려운 사람을 선정하고 돕는 방식을 취하고 있습니다. 그렇지만 선정 과정에서 제대로 도움을 받지 못하는 사각지대에 놓인 사람들이 무척 많은데, 이 역시 불평등한 상황이라고 볼 수 있습니다. 뿐만 아니라 기본소득제를 실시하면 지원받을 사람을 선정하는 과정에 들어가는 비용도 아낄 수 있어요. 그리고 기본소득제를 실시하면 부유한 사람들은 소득에 따른 세금을 이미 많이 내게 되므로, 부자들이 기본소득을 받더라도 그 혜택을 더 많이 누리는 건 아닙니다.

사회자 유미래 님과 김유지 님의 말씀 잘 들었습니다. 결국 기본소득제도의 재원을 어떻게 마련해야 할지가 중요한 문제라고 볼 수 있네요. 기존 복지제도의 장단점과 기본소득제도의 장단점을 따져볼 필요도 있겠군요. 데이터 같은 자원을 모두가 공유해야 하는 자원으로 볼 것인지도 중요한 쟁점으로 보입니다. 두 분 말씀 감사합니다.

2분기

4월~6월

4월 1일		**4월 1일**
매장 내 일회용품 규제일		한국과 칠레의 FTA 체결일
4월 8일		**4월 15일**
마거릿 대처가 사망한 날		맥도날드 설립일
5월 1일		**5월 1일**
미국 노동절이 탄생한 날		독일에서 하이퍼 인플레이션이 시작된 날
5월 11일		**5월 22일**
코로나19 제1차 긴급재난지원금 지급일		암호화폐를 활용한 최초의 실물거래일
6월 5일	**6월 12일**	**6월 22일**
존 메이너드 케인스가 태어난 날	한국은행 설립일	5만 원권 지폐 발행일

헬스컵 광고

20세기 초, 미국에서는 결핵을 비롯한 여러 전염병이 유행했다.
이 문제를 해결하기 위해 1907년에 보스턴의 변호사이자 발명가였던 로런스 엘런은
새로운 재질의 컵을 발명했다. 방수를 위해 안쪽에 파라핀을 입힌 종이컵이었다.
당시 기차나 학교에서 물을 마실 때 공용 컵을 사용한 탓에 세균이 널리 퍼져 전염병에
감염된다는 의견이 있었다. 이에 엘런은 개인이 버리는 컵이 필요하다고 생각해 종이컵을
만들었다. 그 뒤 사업가 휴 무어가 종이컵 제조회사를 세워서 헬스컵(Health Kup)이라는
이름을 붙여 팔았다. 이후 인류 최대의 사망자를 낸 스페인 독감으로 공용컵보다
종이컵을 찾는 시설이 늘면서 헬스컵은 1919년에 '작은 종이컵'이라는 뜻의
딕시컵(Dixie Cup)으로 이름을 바꾸어 더욱 널리 쓰이게 되었다.

#일회용컵매장내사용금지 #제로웨이스트 #ESG #업사이클링 #쓰레기를만들지않는삶

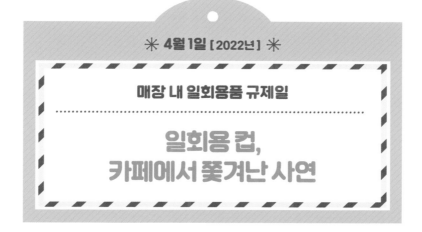

매장 내 일회용품 규제일

일회용 컵,
카페에서 쫓겨난 사연

1907년 헬스컵에서 시작된 일회용 종이컵. 지금까지 100여 년 동안 많은 사랑을 받으며 일회용품 사용의 시대를 열었습니다. 1960년대에는 미국의 한 회사가 특허를 내며 만든 플라스틱 컵 역시 많은 사람들에게 일상용품이 되었습니다. 우리나라에서도 종이컵과 플라스틱 컵은 자주 사용하는 물건입니다. 개인이 일상생활에서 쓰는 플라스틱 컵이 연간 1인당 약 240개, 종이컵이 약 65개라고 하니, 우리가 사용하는 일회용 컵의 양이 적지 않습니다.

그런데 2022년 4월 1일, 이처럼 널리 쓰이던 일회용 컵이 한국의 커피숍 매장에서 퇴출당했습니다. 같은 해 11월부터는 일회용 종이컵과 플라스틱 빨대도 매장 안에서 사용하지 못하게 됐습니다.

매장에서 음료를 마실 때는 머그나 텀블러 등 다회용 컵을 쓰는 게 원칙이 되었지요.

편리하게 사용할 수 있는 일회용 컵이 왜 커피숍에서 쫓겨났을까요? 환경오염 문제가 주된 이유입니다. 우리는 고작해야 몇 분에서 몇 시간 정도 일회용 컵을 쓰지만, 이때 나오는 쓰레기가 어마어마합니다. 사람들이 사용한 플라스틱 컵은 대부분 땅에 그대로 묻는 경우가 많습니다. 불에 태우면 사람의 몸에 치명적인 독성을 지닌 다이옥신이 배출되기 때문입니다. 땅에 묻힌 플라스틱 컵은 완전히 분해될 때까지 적어도 500년이 넘게 걸린다고 합니다. 재활용하기도 어렵습니다. 플라스틱 컵을 이루는 성분은 70종이나 되지만 재활용할 수 있는 성분은 그중 10종뿐이고, 다른 성분이 조금만 섞여 있어도 재활용이 불가능하기 때문입니다.

종이컵도 사정은 크게 다르지 않습니다. 종이 재질이라 재활용도 매립도 문제없을 것 같지만, 방수를 위해 안쪽에 플라스틱의 일종인 폴리에틸렌PE을 입혔거든요. 우리가 열심히 분리수거를 해도 다른 폐지와 섞이면 재활용하기 어렵다고 합니다. 1년 동안 국내에서 사용하는 종이컵은 230억 개나 되지만, 재활용률은 5% 미만이고 나머지 95%는 땅에 묻거나 불에 태웁니다. 이렇게 매립하거나 소각하는 폐기물에서 나오는 물과 유독가스가 생태계를 파괴합니다.

종이컵과 플라스틱 컵으로 인한 환경오염 문제가 심각해지자 정부에서 내린 조치가 '매장 내 일회용 컵' 금지였습니다. 코로나19 때문에 일회용품 사용량이 다시 늘어난 것도 이 조치를 시행하게 된 주요 이유였지요. 우리나라는 2016년에 이미 1인당 플라스틱 쓰레기 배출량이 세계 3위를 기록할 정도로 일회용품을 많이 사용합니다. 그런데 코로나19로 포장 배달과 테이크아웃이 일상이 되면서 일회용품 쓰레기의 양이 폭발적으로 늘어났습니다. 2020년 국내 플라스틱 폐기물은 2019년보다 18.9% 증가해 총 923만 톤이 되었다는 조사 결과도 있지요.

각종 폐기물이 환경문제의 주요 원인으로 떠오른 데다 분리수거나 재활용조차 쉽지 않으니, 아예 처음부터 쓰레기를 만들지 않는 생활 수칙을 만들자는 움직임이 활발해지고 있습니다. 이처럼 '쓰레기를 만들지 않는 삶'을 추구하는 움직임을 '제로 웨이스트Zero Waste'라고 합니다. 우리가 일상에서 사용하는 자원이나 제품을 재활용하게 함으로써 쓰레기가 땅에 매립되거나 바다에 버려지지 않게 하는 사회적인 움직임을 가리키지요.

제로 웨이스트는 다양한 방법으로 실천할 수 있습니다. 일회용 컵 대신에 텀블러 등을 이용하고, 빨대라든가 명함처럼 무료로 나눠주는 불필요한 폐기물을 거절하고, 시장이나 마트에서 봉지 대신에 장바구니를 쓰는 것도 한 방법입니다. 치약이나 샴푸 같은 것도 재활용이 어려운 튜브형 제품을 덜 사고 고체형 제품을 사용할 수 있습니다. 버려지는 우산의 천을 이용해서 만든 가방, 재활용 목재로 만든 멋진 가구, 버려진 껌으로 만든 신발 등 버리는 물건을 재활용해 새로운 가치를 지닌 상품으로 태어난 업사이클링 제품을 사용하는 것도 제로 웨이스트의 생활 수칙 중 하나입니다.

제로 웨이스트 움직임은 개인적인 생활 지침으로 끝나지 않고 기업의 경영에까지 변화를 주고 있습니다. 아웃도어 제품을 생산하는 미국의 파타고니아는 환경보호에 앞장서는 기업으로 유명하지요. 본래 암벽등반 장비를 만들던 이본 쉬나드 회장은 암벽등반 장비가 바위를 망가뜨려 자연을 파괴한다는 사실을 깨닫고 파타고니아를 세웠습니다. 파타고니아에서 만드는 옷에는 특별한 비밀이 있습니다. 페트병을 재활용한 섬유와 유기농 면화만 이용해서 만든 상품이라는 점이지요.

우리가 입는 옷은 대부분 폴리에스터나 나일론처럼 얇은 플라스틱 섬유로 짜인 합성섬유를 포함합니다. 값이 싸고 내구성이 좋아 사랑받는 소재이지요. 그러나 이 옷에서 나오는 작은 플라스틱, 즉 미세플라스틱은 썩지 않습니다. 그런 데다 바닷물로 흘러든 이 미세플라스틱을 바닷속 물고기가 먹고, 이 물고기를 우리가 먹으면서 미세플라스틱을 섭취하는 결과로 이어집니다. 파타고니아는 이런 문제 없이 쓸 수 있는 친환경소재를 개발해 옷을 만들고 있습니다. 해마다 매출의 1%는 환경보호를 위해 기부하고, 2022년에는 회장과 가족들의 회사 소유권을 기업의 가치와 임무를 보호하기 위해 창립한 재단과 비영리기구NGO에 모두 넘기기도 했습니다.

이처럼 기업이 그저 이윤만 추구하는 것이 아니라 환경보호에 신경 쓰고 사회적 책임을 다하며 기업을 투명하게 경영하려고 노력하는 움직임을 ESG라고 합니다. 환경을 뜻하는 'Environmen-tal'의 E, 사회를 뜻하는 'Social'의 S, 기업의 지배구조를 뜻하는 'Governance'의 G를 따서 만든 말이지요.

본래 자본주의사회에는 단순한 원칙이 있습니다. 소비자는 자신의 만족(효용)을 최대한으로 하는 방향으로, 기업은 이윤을 최대화하는 방향으로 움직인다는 원칙이지요. 그러나 환경문제 때문에 지구의 앞날을 예측하기 힘든 지금, 제로 웨이스트와 ESG라는 움직임은 사회 전체와 환경을 생각하는 경제활동의 좋은 예를 보여주고 있습니다.

오늘의 경제 키워드

❖ **제로 웨이스트** 소비할 때 환경이나 인간의 건강을 위험하게 만들 수 있는 쓰레기를 토지나 바다, 공기로 배출하지 않게끔 쓰레기 배출량을 줄이는 활동.
❖ **ESG** 친환경, 사회적 책임 경영, 지배구조 개선 등을 고려해 경영을 투명하게 해야 기업이 지속가능한 발전을 할 수 있다는 철학.

레드 글로브라는 포도

붉은빛이 돌고 씨앗이 없는 달콤한 포도를 맛볼 수 있다.
레드 글로브라는 포도다. 이 레드 글로브의 주요 생산지는 남아메리카의 칠레다.
눈이 거의 내리지 않는 온화한 겨울과 뜨거운 태양의 여름으로 대표되는
지중해성기후가 나타나는 나라. 특히 수확기 전에 강한 햇살이 내리쬐고
건조한 날씨가 이어져서 맛있는 포도 생산에 적합한 기후다.
칠레는 우리나라의 지구 정반대편에 있는 나라이기도 하다.
시차가 정확히 12시간이 나는 먼 곳인데도 한국의 상점에서
이 먼 나라의 포도를 어렵지 않게 볼 수 있다. 어떤 이유 때문일까?

#자유무역협정 #칠레 #WTO #비교우위 #관세 #우리나라최초의무역협정

한국과 칠레의 FTA 체결일

씨 없는 칠레산 포도, 우리나라에서 쉽게 맛볼 수 있는 이유

2004년 4월 1일, 남아메리카 대륙 서쪽에 남북으로 길게 뻗어 있는 나라 칠레와 대한민국은 특별한 관계가 되었습니다. 우리나라가 칠레와 최초로 자유무역협정Free Trade Agreement, FTA 이라는 조약을 맺었기 때문입니다.

FTA란 무엇일까요. 무역은 나라 간에 필요한 물품을 주고받는 거래를 말합니다. 무역을 할 때는 보통 다른 나라에서 들어오는 물품에 관세를 매깁니다. 관세는 나라 간 무역으로 수출하거나 수입하는 물품에 매기는 세금인데, 이 관세를 매기는 만큼 수입품은 국내 시장에서 비싸진 값에 팔립니다. 비싼 물건은 자연스레 소비자들이 덜 찾으니까 수입을 억제하는 효과가 있지요. 따라서 우리나라 산업을 보호할 수 있습니다. 일종의 방패막이가 되는 셈입니다.

그런데 자유무역협정을 맺으면 국가 사이의 무역 형태가 달라집니다. 둘 이상의 나라가 수출입에 대한 관세도 없애고 자국 상품을 보호하기 위한 수입 제한을 없애면 방패막이나 보호장벽 없이 무역을 하게 됩니다. 비유하자면 '같은 편 먹기'와 비슷하다고 볼 수 있습니다. 일단 같은 편을 맺으면 해당 국가들끼리는 하나의 공동체처럼 상품을 자유롭게 수출하고 수입할 수 있습니다. 게다가 세금이 덧붙지 않으니 소비자들은 더 싼 값에 상품을 살 수 있다는 이점이 있지요.

우리나라가 칠레와 FTA를 맺은 것은 전 세계적인 흐름을 따른 일이었습니다. 그 배경에 1990년대부터 이어진 세계화의 바람이 있기 때문입니다. 미국 – 소련으로 나뉘어 정치경제적으로 팽팽히 맞서던 시기가 끝나고, 이념 싸움이나 라이벌 관계를 이어갈 필요 없이 전 세계 국가가 경제적으로 자유로이 무역을 하며 더 큰 이익을 얻을 수 있는 시대가 됐지요. 세계화의 흐름이 시작된 것입니다.

이 세계화와 발맞추어 1995년에는 전 세계 여러 나라의 무역과 투자를 완전히 자유롭게 만드는 것을 목표로 하고 무역에 관련된 분쟁을 조정하는 세계무역기구World Trade Organization, WTO라는 국제기구도 탄생했습니다. 전 세계가 하나의 시장이 될 듯한 분위기에서 각국은 꾸준히 '같은 편 늘리기'에 힘썼습니다. 관세 없이 무역할 수 있는 상대국을 만들어 약속을 맺으면, 수입도 수출도 늘릴 수 있었으니까요. FTA를 맺는 움직임이 활발해지면서 미국·캐나다·멕시코 등이 북미자유무역협정NAFTA를 맺기도 했습니다.

이런 배경에서 우리나라와 자유무역협정을 맺은 칠레는 자원이 풍부한 나라입니다. 안데스산맥에는 구리가 많이 묻혀 있는데, 이 구리는 가공하기 쉽고 열전도성이 커서 전기차 배터리나 전자제품에 널리 쓰입니다. 뿐만 아니라 칠레는 앞서 말한 포도를 비롯해 종이의 원료인 펄프, 돼지고기 등을 많이 생산합니다. 칠레와 자유무역협정을 맺으면서 우리나라는 칠레의 주요 생산품을 저렴한 값에 수입하게 됐지요.

또한 우리나라 공산품을 칠레에 자유롭게 수출할 길도 열렸습니다. 200년 전, 영국의 경제학자 데이비드 리카도는 무역할 때 각 나라가 상대적으로 더 적은 비용으로 잘 만들 수 있는(비교우위에 있는) 상품을 만들어 교환하면 양국 모두에 도움이 된다고 했습니다. 그의 이론에 따르면 칠레와 우리나라는 자유로운 무역을 하며 서로 이득을 얻는 셈이지요. 경제발전을 중요시하는 이들은 FTA를 두 팔 벌려 환영했습니다. FTA를 통해 수출이 늘어나고 국내 소비자들도 다양한 상품을 저렴하게 살 수 있으면 이득이니까요.

그러나 격렬한 반대 의견도 있었습니다. 칠레와 FTA를 맺기 직전인 2003년 2월에 전국농민대회가 열리는 등 농민들의 거센 항의가 이어졌습니다. 농민들은 FTA 때문에 국민 생활에 꼭 필요한 농업이 무너지면, 훗날 무역이 원활하지 않을 때 큰 문제가 생길 수 있다고 주장했습니다. 예를 들면, 우리나라가 미국과 FTA를 맺은 뒤로 한동안 미국산 체리 수입이 늘었습니다. 관세가 없어지니 저렴하고 품질 좋은 미국산 체리가 사랑받게 됐지요. 소비자에게는 달콤하고 싼 과일을 먹을 수 있는 좋은 기회이지만, 국내에서 과일을 재배하는 농민들은 생업을 이어가기 어려워집니다. 이런 상황이 계속되면 농민들이 과일 농사를 포기하게 되면서 국내 과일 재배 부문이 조금씩 무너집니다.

자유무역을 주장하는 이들은 미국산 체리와 경쟁하기 위해 우리나라 농민들이 국내산 과일의 경쟁력을 높이고자 애쓰면, 그 결과로 한국의 농업기술이 발달하고 모든 사람들에게 이익이 돌아갈 것이라고 말합니다. 그러나 반대 시각에서 보면, 경쟁력이 약한 국내 농업이 더 많은 과일을 저렴한 비용으로 생산할 수 있는 미국의 농산품에 대항하기는 어렵습니다.

한편으로 자유무역을 주장하는 이들은 농업 대신 한국의 자동차 산업이 이익을 얻을 수 있다고 주장합니다. 경쟁력이 약한 농업을 포기하고 경쟁력 있는 자동차를 더 많이 수출하면 나라 전체에는 이득이라는 생각을 밑바탕에 깔고 있는 논리지요. 그렇지만 경쟁력이 아무리 약해도 농업은 그냥 버려둘 수 없는 중요한 산업입니다. 만약 국내 과일 산업이 무너진 상태에서 미국에서 과일을 수입하기 어려워지거나 미국이 체리 가격을 갑자기 올리면 당연히 문제가 생깁니다. 울며 겨자 먹기로 비싼 값으로라도 외국산 과일을 사 먹어야 하는 상황이 올 수도 있는 거죠.

우리나라는 칠레에 이어 멕시코, 싱가포르, 유럽 등과 FTA를 맺었고, 2006년에는 미국과, 2015년에는 중국과도 많은 논란 끝에 FTA를 맺었습니다. 현재 우리나라가 FTA를 맺은 국가는 58개국, 18건에 이릅니다. 그런데 최근 들어 많은 자원 보유 국가들이 자국에서 생산한 식량과 자원을 무기처럼 쓰면서 정치경제적 힘을 발휘하는 경향이 심해지고 있습니다. 무역 이익도 중요하겠지만, 국내 산업, 그중에서도 농업과 같은 필수 산업을 어떻게 더 보호하고 키워야 할지 고민할 필요가 있습니다.

오늘의 경제 키워드

✤ **자유무역협정** 둘 이상의 나라가 서로 수출입 관세 등 무역장벽을 허무는 협정.
✤ **비교우위** 어떤 상품을 다른 나라보다 생산비를 적게 들여 만들 수 있는 위치에 있어서 국제무역에 유리한 것. 비교우위가 있는 상품을 중점적으로 생산해 교역하면 두 나라 모두 이익을 얻을 수 있다는 이론이다. 1817년 리카도가 주장했다.

2013년 4월 8일, 한 정치인의 부고

'철의 여인'이라 불리던 영국의 총리 마거릿 대처가 사망했다는 소식이었다.
유명한 정치 지도자의 죽음을 애도하는 물결이 이어졌지만 차가운 반응도 있었다.
심지어 대처의 장례를 국가에서 공식 행사로 치르는 데 반대하며
'민영화'해야 한다고 주장하는 이들도 있었다.
대처는 어떤 정치인이었을까?
그가 영국에 어떤 영향을 끼쳤기에 이토록 평가가 극과 극을 달렸을까?

#마거릿대처 #철의여인 #영국병 #신자유주의 #공기업의민영화 #작은정부

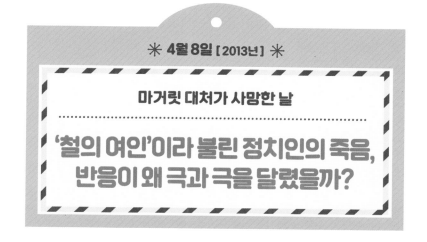

마거릿 대처가 사망한 날

'철의 여인'이라 불린 정치인의 죽음, 반응이 왜 극과 극을 달렸을까?

마거릿 힐더 대처. 1925년 영국에서 식료품점의 둘째 딸로 태어났습니다. 독실한 기독교인 아버지에게서 검소함과 자립정신 등을 배우며 자란 영민한 소녀였습니다. 옥스퍼드대학교에 입학해 화학을 전공한 대처는 경제학자 프리드리히 하이에크의 책을 읽으며 큰 감명을 받았다고 합니다.

하이에크는 자유주의를 주장한 경제학자였습니다. 고전경제학의 아버지라 불리는 200년 전의 애덤 스미스와 비슷하게, 국가가 경제에 섣불리 간섭하지 말고 시장의 수요와 공급에 따라 많은 일을 스스로 해결하도록 내버려두어야 한다고 말했지요. 먼 훗날 대처가 총리가 되어 실시한 정책은 하이에크의 이러한 의견과 맞닿아 있습니다.

대학을 졸업한 뒤에 대처는 변호사로 일하다 정치활동에 본격적으로 뛰어들었습니다. 하원의원, 교육부 장관으로 진출하면서 정치적 발판을 넓혀갔지요. 정치 경험을 쌓으며 보수당 대표가 된 대처는 1979년 선거에 승리해 드디어 영국 최초의 여성 총리로 당선되는 영광을 누립니다.

대처는 취임하자마자 과감한 경제정책을 실시해 이목을 끌었습니다. 국가가 운영하던 전기나 철도, 은행, 공항 등 공기업을 민간 기업으로 바꾸고 노조의 힘을 약화하기 시작했습니다. 사회복지 예산을 크게 줄이는 정책도 실시했습니다. 탄광을 대대적으로 정리하는 사업도 벌였습니다. 주요 에너지자원이 석탄에서 석유로 바뀌면서 석탄 산업이 제대로 수익을 내지 못하고 있었기 때문이지요. 이 정책으로 갑자기 일자리를 잃은 광부들이 한꺼번에 들고 일어나 파업하며 거세게 반발하자 대처는 군대를 동원해 강경 진압을 했습니다. '철의 여인'이라는 별명이 붙을 만큼 강력한 정책을 밀어붙인 거지요.

대처가 추진한 정책은 대부분 '신자유주의'라는 흐름에 따른 것이었습니다. 신자유주의란 프리드리히 하이에크의 주장처럼 과거의 자유주의로 돌아가는 정책을 말합니다. 대다수 경제학자들은 경제학이 애덤 스미스의 《국부론》을 기본 방향으로 처음 자리 잡을 때부터 자유주의를 주장했습니다. 경제 분야에 정부가 지나치게 간섭하면 경제가 오히려 원활하게 돌아가지 않는다는 생각을 바탕으로, 많은 것을 시장에 맡겨두는 작은 정부가 최고라고 보았기 때문입니다.

그런데 1929년 세계적인 경제 대공황으로 엄청난 경기침체를 겪은 자본주의국가들은 이러한 경제정책의 방향을 바꾸었습니다. 심각한 경제위기가 다시는 오지 않도록 정부가 경제에 적극 개입했는데, 이를 수정자본주의라고 합니다. 경기가 지나치게 과열되거나 침체되지 않게끔 정부가 금리나 조세를 조절했지요. 모든 국민이 최소한의 생활을 누릴 수 있도록 복지정책을 펼치고, 국민에게 꼭 필요한 철도나 전기 같은 분야에는 국가가 공기업을 세워 서비스를 제공했습니다. '요람에서 무덤까지'라는 모토를 바탕으로 한 복지정책 덕분에 국민들은 복지 혜택을 마음껏 누릴 수 있었습니다.

그러나 어떠한 경제정책도 완벽할 수는 없는 노릇입니다. 경제에 적극 개입하고 국민들의 복지까지 책임지는 정부는 늘 많은 돈이 필요했습니다. 세금이 늘어났습니다. 국가에서 넉넉한 혜택을 주자 국민들은 열심히 일하려고 하지 않았고, 정부의 규제가 많아 기업의 창업이나 투자 의지가 꺾여 있는 상태였습니다. 여기에 1970년대 석유파동으로 전 세계적인 경기침체까지 이어졌지요. 이 때문에 1970년대 말 영국 경제는 실질성장률이 마이너스를 기록하고 실업률이 4~6%에 이르는 어려운 상황에 놓였습니다. 당시 영국의 이 같은 암울한 경제 상황은 '영국병'이라 불리기까지 했습니다. 영국뿐 아니라 정부가 경제에 적극적으로 개입하던 많은 나라가 경기침체를 겪었습니다.

그러자 과거의 자유방임 시대처럼 정부의 간섭을 줄이고 시장을 자유롭게 놓아두자고 주장하는 경제학의 흐름이 나타났는데, 이것이 바로 신자유주의입니다. 대처는 미국의 레이건 대통령과 함께 신자유주의를 적극적으로 따른 인물이었습니다. 1979년부터 1990년까지 11년 동안 세 번 연속 총리 자리에 오르며 경제에 대한 정부의 간섭을 배제하고, 복지정책에 들어가는 예산을 줄이고, 부자와 대기업의 세금을 줄여주는 쪽으로 정책을 펼쳤지요.

대처의 정책은 어느 정도 성공을 거두었습니다. 마이너스를 기록하던 영국의 경제성장률이 1988년에는 5.2%까지 올라갔습니다. '대처가 영국병을 치료했다'는 평가 속에 영국 경제를 살렸다고 추앙받기도 했습니다. 대처뿐 아니라 미국의 레이건 대통령 등 다른 자본주의국가 지도자들도 신자유주의라는 흐름에 적극 동참했습니다.

그러나 과감한 정책의 이면에는 그늘이 있었습니다. 대처의 경제정책이 사회적 약자를 희생시키고 빈부격차를 크게 벌려 '소수만을 위한 경제정책'이었다고 평가하는 이들도 많습니다. 영국의 공기업이 민영화하며 효율성을 찾았지만, 반대로 공공의 이익이

훼손되는 문제도 있었습니다. 민영화한 뒤로 기업이 자신들의 이윤만 챙기려 가격을 올리고 서비스가 형편없어진 적이 종종 있었기 때문입니다. 예를 들어 신자유주의의 영향으로 민영화한 영국 철도는 현재까지도 가격이 비싼 데다 열차 고장과 지연이 잦은 것으로 유명합니다. 대처가 사망했을 때 그의 장례식을 공공으로 치르지 말고 '민영화'해야 한다는 의견에 75%의 사람들이 찬성했다는 사실은 꽤 의미심장합니다.

영국의 한 언론은 그의 사망 소식을 전하며, 사설에서 "마거릿 대처의 유산은 인간 정신을 파괴한 사회 분열, 이기심, 탐욕"이라고 비판하기도 했지요. 이렇게 보면 마거릿 대처에 대한 추앙과 비판은 단순히 한 정치인에 대한 평가가 아니라, 신자유주의의 흐름이 가져온 빛과 그림자를 잘 드러내는 이야기라 할 수 있습니다.

오늘의 경제 키워드

✤ **신자유주의** 1970년대부터 나타난 경제학의 흐름. 정부가 경제에 개입하는 것을 비판하고 개인과 기업의 자유로운 경제활동을 보장해야 한다고 주장한다.

✤ **공기업의 민영화** 국가나 지방자치단체가 경영하던 기업을 민간기업이 운영하게 바꾸는 일. 운영 효율성을 높이고 기업 경쟁력을 향상할 수 있다는 장점이 있다. 그러나 전기나 수도처럼 일상생활에 중요한 분야를 민영화하면 서비스 가격이 올라 국민의 생활에 악영향을 끼치기도 한다.

M자 마크의 황금빛 아치

전 세계 어디에서나 쉽게 발견할 수 있는 익숙한 표지판, 맥도날드의 상징이다.

맥도날드는 전 세계에 4만여 개가 넘는 매장이 있다고 한다.

패스트푸드의 제왕 맥도날드는 어떻게 전 세계적인 기업이 되었을까?

맥도날드와 맥도날드 햄버거는 세계경제에서 어떤 의미가 있을까?

#맥도날드 #자본주의의 상징 #빅맥지수 #열대우림파괴

#모스크바의맥도날드지점다시들어설까 #신냉전체제

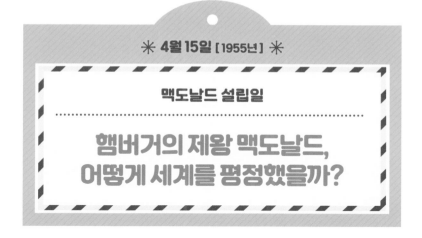

1954년, 미국 캘리포니아에서 밀크셰이크 기계 판매원으로 일하던 레이 크록은 어느 햄버거 가게를 방문했습니다. 딕 맥도날드와 마크 맥도날드 형제가 운영하는 햄버거 가게였지요. 이 가게는 저렴한 음식을 빠른 시간에 손님들에게 서비스하며 레이 크록의 눈길을 끌었습니다. 비결은 효율적인 조리방법에 있었습니다. 일회용 나이프와 포크, 컵 등을 사용하고 마치 공장의 조립생산방식처럼 음식을 만드는 것이 그 비결이었습니다.

맥도날드 형제의 가게에서 새로운 가능성을 발견한 크록은 두 형제에게 제안하여 프랜차이즈 경영권(독점사업권)을 따냅니다. 그리고 이듬해부터 맥도날드 체인점을 늘려갔지요. 그 뒤 두 형제에게서 완벽하게 경영권을 사들인 레이 크록은 골든 아치라 불리는 M 자 형태의 로고를 맥도날드의 상징으로 삼고 고객층을 늘리는 새로운 전략을 펼쳤습니다. 최초의 텔레비전 광고를 만들었고, 대표 메뉴인 빅맥과 어린이 고객을 위한 해피밀 등을 개발했지요. 덕분에 맥도날드는 전 세계에 4만여 개가 넘는 매장을 둔 패스트푸드점의 제왕으로 자리 잡았습니다.

맥도날드가 이렇게 큰 성공을 거둔 비결은 과연 무엇일까요? 음식점을 찾는 손님들은 저렴한 가격에 빠른 서비스, 일관된 맛의 음식을 원합니다. 고객의 욕구를 파악한 레이 크록은 맥도날드 체인점을 낼 때부터 메뉴와 가격, 음식 주문방식을 전 지점에 똑같이 제공하는 데 목표를 두었습니다. 예를 들어 햄버거 재료로 사용하는 소고기의 크기와 무게, 조리하는 방법, 감자를 써는 요령, 감자를 기름에 튀기는 시간이나 온도에까지 세심한 규정을 만들었습니다. 맥도날드는 매장 분위기나 음식을 뒤처리하는 방법까지 전 세계 매장이 거의 똑같은 방식을 따릅니다. 덕분에 우리는 어느 나라 어떤 지역에 가더라도 맥도날드에서는 표준화한 맛과 서비스를 경험하게 됩니다.

맥도날드의 대표 메뉴를 꼽으라고 하면 '빅맥'을 빼놓을 수 없습니다. 빵 3개 사이에 소고기 패티 2개와 양파, 피클, 양상추 등을 끼운 이 햄버거는 맥도날드 매장에서 공통으로 먹을 수 있는 메뉴입니다. 전 세계 어느 지점에서든 거의 동일한 맛과 품질을 유지하다 보니 빅맥은 독특한 이력을 얻었습니다. 빅맥 가격이 여러 나라의 물가수준이나 화폐가치를 가늠하는 도구로 쓰이게 된 거죠. 바로 '빅맥지수'라 불리는 경제지표입니다. 영국의 경제 주간지《이코노미스트》가 분기마다 발표하는 물가지수의 한 종류인데, 전 세계에서 팔리는 빅맥 가격을 달러로 환산해 비교하는 겁니다.

예를 들어 2022년 7월 기준으로 우리나라의 빅맥 가격을 달러로 환산해 계산하면 3.5달러입니다. 그런데 같은 시기에 미국에서는 빅맥의 가격이 5.15달러였어요. 같은 제품의 가치는 전 세계 어디든 같다는 법칙을 적용하면, 미국 물가가 우리나라보다 높은 편이라는 사실을 알 수 있습니다. 뿐만 아니라 빅맥으로 한 나라의 화폐가치가 적정한 수준인지 비교해볼 수도 있습니다. 미국의 빅맥과 한국의 빅맥 값을 비교해 계산하면 1달러를 890원대에 살 수 있어야 하는데, 실제 우리나라에서 1달러는 2023년 현재 약 1300원을 치러야 살 수 있습니다. 우리나라 돈의 가치가 빅맥지수로 측정한 실질 가치보다 낮게 평가되어, 더 많은 돈을 주고 1달러를 사야 한다는 의미입니다.

그렇지만 패스트푸드의 대량생산은 지구의 건강을 위협하는 범인으로 지목받기도 합니다. 맥도날드의 햄버거용 소고기는 주로 남아메리카의 국가에서 키운 식용 소에게서 얻습니다. 이 식용 소를 대량으로 기르려면 어마어마한 양의 사료가 필요합니다. 소고기 1킬로그램을 얻으려면 옥수수나 콩 등의 곡식 8킬로그램과 2만 리터의 물이 필요하다고 해요. 또한 많은 양의 사료를 얻기 위해서는 넓은 경작지가 필요한데, 주로 아마존의 열대우림을 베어낸 자리에서 농사를 짓고 있습니다. 지구의 허파라 불리는 아마존의 삼림이 파괴되면서 지구온난화도 심해지는 실정이지요. 이런 이유에서 대량의 소고기를 필요로 하는 맥도날드 햄버거에 대한 비판이 끊이지 않습니다.

자본주의의 상징과도 같은 맥도날드는 역사적으로 주목받은 날도 있었습니다. 1990년 1월, 소련(지금의 러시아)의 모스크바에서 맥도날드 1호점 매장이 문을 열었습니다. 개업 당일 미국의 햄버거를 맛보려고 그 앞에 늘어선 인파만 3만여 명이 넘었습니다. 맥도날드 모스크바 지점이 이처럼 인기를 끈 이유는 무엇일까요? 1990년대 이전까지 미국과 소련은 세계질서를 이끄는 대표적인 강대국으로, 정치·경제 체제가 완전히 달라 오랫동안 으르렁거리는 라이벌 관계였지요. 무기로 전면전을 벌이지는 않았지만 핵무기 개발, 우주에서 주도권 다툼 등 차가운 물밑 싸움을 이어오고 있었습니다.

그런데 1980년대 후반에 이르러 이런 냉랭한 분위기가 풀리기 시작합니다. 두 나라 사이에 화해 분위기가 조성된 후, 드디어 모스크바에 맥도날드 매장이 생긴 것입니다. 이것은 사회주의국가 소련이 미국 자본주의를 받아들인다는 증표라 할 만했습니다. 또한 미국과 소련의 팽팽한 경쟁이 끝나고 자본주의 중심의 시대가 본격적으로 열릴 거라는 상징과도 같았지요.

그러나 맥도날드 모스크바 지점은 그 뒤 30여 년이 지난 2022년에 문을 닫았습니다. 러시아가 우크라이나를 침공하면서 미국, 유럽 국가들과 다시 대립하는 모습을 보이자, 맥도날드가 러시아 안에 있는 850개 매장을 완전히 문 닫고 철수하기로 했기 때문입니다. 맥도날드 1호점도 러시아 기업이 운영하는 패스트푸드 매장으로 바뀌었지요. 그리고 냉전시대처럼 미국과 러시아가 또다시 대립 관계로 가는 신新냉전체제가 시작된다는 이야기가 들립니다.

맥도날드의 황금빛 아치가 러시아에 다시 세워질 날이 올까요? 맥도날드는 환경파괴의 주범이라는 오명을 벗고 새로운 기업 이미지를 만들 수 있을까요? 자본주의의 상징과도 같은 기업 맥도날드를 둘러싼 질문이 끊이지 않는 이유입니다.

오늘의 경제 키워드

❖ **빅맥지수** 각 나라에 진출한 맥도날드의 대표 메뉴인 빅맥 가격을 토대로 각국의 물가와 화폐가치 등을 비교하는 지수.
❖ **신냉전체제** 러시아와 미국, 중국과 미국 등의 국제적 대립. 2차 세계대전 이후 1980년대 후반의 미국-러시아 간 냉전체제와 구분하기 위해 새로운 냉전체제라고 한다.

5월 1일. 달력에 적힌 '근로자의 날'

법정공휴일이 아니어서 전부 다 쉬는 날은 아니다.
직장인들은 대부분 출근하지 않지만 학생들은 학교에 간다.
'법정휴일'이라고 하는 이날은 어떻게 생겨났을까?

#근로자의날 #메이데이 #하루8시간의노동 #저녁있는삶
#헤이마켓사건 #근로기준법

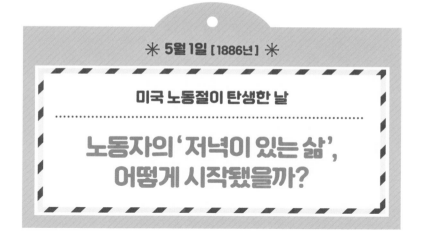

미국 노동절이 탄생한 날

노동자의 '저녁이 있는 삶', 어떻게 시작됐을까?

5월 1일. 근로자의 날입니다. 달력에 빨간색으로 표시되지 않으니 법정공휴일은 아니지만, 〈근로기준법〉에 따라 법정휴일로 정해져 있지요. 대부분의 근로자가 법이 정한 바에 따라 쉬어야 하는 날이라는 뜻입니다. 이날은 은행이나 주식시장이 열리지 않고, 회사들도 대체로 쉬는 편입니다. 이 법정휴일은 어떤 사연으로 생긴 기념일일까요?

이야기는 1886년 5월 1일, 미국으로 거슬러 올라갑니다. 미국 일리노이주 시카고에 무려 8만 명의 노동자와 그들의 가족이 파업과 시위를 벌이기 위해 모였습니다. 시카고뿐만 아니라 미국 각지에서 30만~50만 명의 노동자가 이 시위에 참여했습니다.

이토록 많은 노동자들이 모여서 요구한 것은 무엇이었을까요? 바로 '8시간 노동'이었습니다. 지금은 하루 8시간의 노동을 특별히 짧다고 여기지 않지만, 그 시기 노동자들에게는 투쟁을 해야 얻을 수 있는 것이었습니다. 산업혁명 이후 노동자들은 열악한 환경에서 하루에 16~17시간이나 일해야 했으니까요. 자본가들이 더 오래 일하라고 다그쳐도 항의하기 어려운 처지였습니다. 산업화가 진행되면서 일자리를 구하기 위해 농촌에서 도시로 몰려든 사람이 워낙 많았기 때문입니다. 일할 사람이 넘쳐나다 보니 자본가들은 더 적은 임금을 주면서 더 오랜 시간 일할 노동자를 쉽게 구했답니다.

이러한 사정으로 19세기 초반까지도 노동자들은 하루 12시간 이상 일을 해야 했습니다. 그에 견주어 임금은 턱없이 낮았지요. 더 낮은 임금으로 부려먹기 쉬운 여성이나 아이들을 고용하기도 했습니다. 어린이와 여성들은 형편없이 낮은 임금을 받으며 매일 14~16시간씩 시끄럽고 비위생적인 환경에서 일했습니다.

새벽녘부터 밤늦게까지 일하는 고단한 삶에 시달리던 노동자들. 굶주림과 극심한 피로에 참다못해 목소리를 내기 시작합니다. 노동시간을 줄여달라고 요구한 거지요. 공장주들 중 생각이 앞선 이들도 노동자들의 이런 움직임에 동참한 결과, 1833년 영국에서는 '공장법Factory Acts'이 제정됐습니다. 공장의 열악한 노동환경을 개선하기 위해 만든 최초의 법이었지요. 그러나 처음에는 노동자들의 권익을 제대로 보장하기에는 미흡했습니다. 이 법은 점차 내용이 보완되면서 1847년에는 18세 이하 아동과 여성의 노동시간은 10시간으로 줄이는 방향으로 바뀌었습니다.

그럼에도 갈 길은 여전히 멀었습니다. 노동자들은 '저녁이 없는 삶'을 보내고 있었으니까요. 19세기 후반 미국에서도 같은 상황이 거듭되고 있었습니다. 노동자들은 휴일 없이 하루에 12~16시간씩 일하고 주급 7달러 정도를 받았습니다. 이런 형편없는 조건 때문에 노동자들이 하루 8시간 노동을 요구하며 움직였지요. 첫머리에 이야기한 1886년 5월 1일의 파업도 이 운동의 일환입니다. 그런데 시위 도중 비극이 벌어졌습니다. 평화시위를 하는 노동자들을 경찰이 무력으로 진압하면서 총을 쏘는 바람에 어린 소녀를 포함해 노동자 4~6명이 사망한 것입니다.

—
헤이마켓 사건을
묘사한 그림

아슬아슬한 상황이 이어지는 가운데 파업 나흘째인 5월 4일, 시카고의 헤이마켓 광장에 사람들이 모였습니다. 사흘 전에 일어난 사건을 규탄하기 위해서였습니다. 비교적 평화로운 시위가 이어지다가 한순간 광장이 아수라장으로 변했습니다. 경찰이 해산을 명령한 뒤, 곤봉으로 노동자들을 때리기 시작했습니다. 얼마 후에는 군중 속에서 누가 경찰을 향해 폭탄을 던지면서 경찰 1명이 죽고 수십 명이 부상을 입었습니다. 그러자 흥분한 경찰이 좁은 공간에서 총을 쏘아 10여 명이 죽고 130여 명이 부상당했습니다.

폭탄을 던진 범인은 나타나지 않았습니다. 경찰은 노동운동에 앞장선 이들을 체포했지요. 수백 명이 감옥에 갇히고, 그중 8명은 재판에 넘겨졌습니다. 대부분 폭탄과는 무관했고 심지어 그날 광장에 가지 않은 사람도 있었습니다. 억울하게 유죄판결을 받아 4명은 교수형을 당하고, 1명은 감옥에서 스스로 목숨을 끊었습니다.

이 사건은 전 세계 국가의 노동자, 지식인들의 분노를 불러일으켰습니다. 부당한 재판 결과에 영국, 프랑스, 네덜란드, 러시아, 이탈리아, 스페인에서 청원과 비난이 이어졌지요. 3년 뒤인 1889년, 유럽의 노동자들이 프랑스 파리에 모여 헤이마켓 사건 희생자를 기리고 8시간 노동 쟁취를 선언하며 5월 1일을 메이데이May Day(노동절)로 정했습니다. 이때부터 5월 1일은 국제적으로 노동자의 권리를 기념하는 날로 자리 잡았습니다. 노동자들의 투쟁은 그 뒤로도 꾸준히 이어져, 20세기에 들어서는 전 세계 국가에 8시간 노동을 보장하는 법이 만들어졌습니다.

우리나라도 대다수 국가와 마찬가지로 현재 1주에 40시간을 기본 노동시간으로 정하고 있습니다. 5인 이상으로 구성된 직장이나 가게의 경우, 공휴일에 일하거나 노동시간을 초과해 일할 때는 50%의 임금을 더 주어야 한다는 법이 있습니다.

헤이마켓 사건이 일어난 200년 전보다 상황은 나아졌지만, 근로자의 날의 근거인 근로기준법이 적용 대상을 차별하고 한정한다는 문제가 제기되기도 합니다. 근로기준법이 말하는 '근로자'에는 매달 월급을 받는 이른바 '월급쟁이'들만 포함되는 경우가 많기 때문이지요. 학습지 교사나 골프장 캐디 등 특수고용직 노동자들은 근로자로 인정받지 못할 때가 많습니다. 배달 기사 등 새롭게 나타난 노동자들도 마찬가지고요. 근로자의 날에 나오는 '근로자'의 범위를 어떻게 정해야 할지 새로운 고민이 필요하지 않을까요?

오늘의 경제 키워드

❖ 근로기준법 노동자의 기본 생활을 보장하고 향상하기 위해 노동조건의 기준을 정해놓은 법률.
❖ 유급휴일 노동자가 급여를 받는 휴일을 말하며, 정해진 근로일수를 채운 노동자가 확보하는 휴일이다.

벽난로 속의 지폐

1923년, 독일 베를린에서 한 여성이 집을 따뜻하게 하려고
당시 독일 화폐인 마르크화를 태우고 있다.
집을 데우는 데 장작이나 석탄이 아니라 지폐를 태우다니, 대체 어떻게 된 일일까?
부잣집이라 아무렇지 않게 돈다발을 태우는 걸까?
저 돈은 어디에서 난 걸까? 궁금증이 솟는다.
기묘한 광경을 곳곳에서 볼 수 있었던 1920년대 초반 독일,
그곳에서는 과연 무슨 일이 벌어졌을까?

#베르사유조약 #하이퍼인플레이션 #인플레이션
#1920년대독일 #돈다발은왜휴지보다못한취급을받았을까

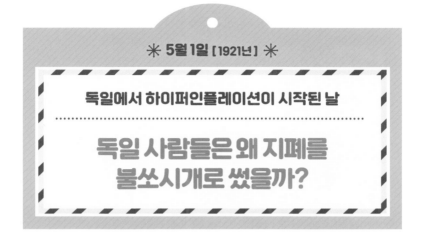

독일에서 하이퍼인플레이션이 시작된 날

독일 사람들은 왜 지폐를 불쏘시개로 썼을까?

1920년대 초반, 독일인들은 세상에서 가장 많은 지폐를 들고 다니는 사람들이었습니다. 아이들은 넘쳐나는 지폐 더미로 블록 쌓기 놀이를 하고, 평범한 가정에서 집을 따뜻하게 데울 때 난로에 장작 대신 지폐를 넣고, 손수레에 돈다발을 한가득 싣고 시장으로 가는 사람들을 볼 수 있었으니까요. 보통 사람들이 돈을 불쏘시개로 쓰거나 손수레에 싣고 다닐 수 있었다면, 당시 독일의 경제가 풍요로웠던 걸까요?

오히려 그 반대였습니다. 나라 곳곳에 돈다발이 넘쳐났지만 독일 국민들은 어느 때보다 가난했습니다. 손수레에 지폐가 가득 실려 있어도 살 수 있는 게 거의 없었습니다. 빵 한 조각, 고기 한 점

—
1922년 독일에서 지폐를 블록처럼
갖고 노는 아이들

구하기도 힘들었지요.

  이야기의 시작점은 1921년 5월 1일로 거슬러 올라갑니다. 1차 세계대전이 끝난 뒤 영국, 프랑스, 미국 등 전쟁에 이긴 나라들이 전쟁을 일으킨 장본인이자 적국인 독일 대표를 둘러싸고 앉았습니다. 독일이 1919년 전쟁에서 패배하여 제1차 세계대전을 마무리하는 강화조약인 베르사유조약을 맺는 자리였습니다. 전쟁에 이긴 나라들은 이 조약을 통해서 패전국 독일에 1320억 마르크를 배상금으로 물어내라고 요구했습니다. 독일 국민이 낸 세금을 한 푼도 쓰지 않고 22년 동안 모아야 갚을 수 있는 어마어마한 금액이었죠. 심지어 이 배상금을 마르크화가 아닌 금이나 달러화로 갚아야 했습니다.

전쟁을 치르면서 이미 막대한 비용을 쓴 데다 온 국토가 폐허로 변했기 때문에, 독일 정부는 빈털터리였습니다. 전쟁 피해를 입은 국민들에게 세금을 제대로 거두기 어려운 상황에서 다급한 처지에 놓인 독일 정부는 최악의 선택을 합니다. 돈 만드는 기계를 온종일 돌려 화폐를 찍어낸 겁니다. 돈을 얼마나 많이 찍어냈는지, 기계를 돌릴 인쇄공이 부족할 정도였다고 합니다. 독일 정부는 마르크(독일의 옛 화폐단위) 지폐를 잔뜩 찍어낸 다음 달러화로 교환했습니다.

정부나 중앙 은행이 이처럼 화폐를 많이 찍어내면 어떤 일이 벌어질까요? 한 나라의 모든 국민이 1억 원 이상의 돈다발을 가진 상황을 떠올려봐도 좋습니다. 전 국민이 1억 원을 더 가지면 모두 부자가 될 것 같지만 그렇지 않습니다. 돈이 '누구나 갖고 있는 흔한 것'이 되면서 1억 원의 가치는 예전보다 형편없어집니다. 사람들이 주머니에 든 돈을 펑펑 쓰면서 그 돈은 점점 가치를 잃어갑니다.

1920년대 초에 독일에서 비슷한 일이 벌어졌습니다. 정부가 돈을 마구 찍어내자 돈이 휴지 조각보다 더 흔해졌지요. 사람들은 가치가 형편없어진 돈을 굳이 갖고 있으려 하지 않았고, 은행에 예금했던 돈까지 찾아서 물건을 사재기했습니다. 휴지 조각보다 못한 100만 마르크보다 빵 한 조각, 휴지 한 장을 더 갖고 있는 편이 차라리 나았으니까요. 물가가 급속히 올랐습니다. 카페에서 커피를 마시는 사이에 커피 가격이 두 배로 오를 만큼 물가상승 속도가 빨랐습니다. 1922년 말에 160마르크였던 빵 한 덩어리가 1년 뒤인 1923년 말에는 2000억 마르크가 되었다는 기록도 있습니다. 1923년의 물가는 10년 전보다 무려 10억 배나 치솟은 수준이었습니다.

상황은 점점 더 나빠졌습니다. 돈을 바구니에 가득 싣고 가봤자 빵 한 조각 사기 어려운 형편이니, 사람들이 돈을 귀하게 쓸 이유가 없었지요. 독일 국민들은 돈을 도배지나 불쏘시개, 장난감으로 사용했습니다. 난방을 위해 장작이나 석탄을 사서 쓰는 것보다 독일 지폐를 태우는 편이 더 저렴했습니다. 독일 경제는 점점 더 깊은 구렁텅이로 굴러떨어졌습니다. 물가가 치솟자 정부는 수백억 마르크, 1조 마르크짜리 지폐를 만들기까지 했지만, 문제를 해결하기가 쉽지 않았습니다.

이렇게 통제하기 힘들 만큼 물가가 치솟고 돈의 가치가 떨어지면 대다수 국민들이 손해를 봅니다. 특히 다달이 월급이나 연금을 받으며 살아가던 사람들, 은행에 돈을 저축해두었던 사람들은 현금의 가치가 형편없이 떨어지면서 갑자기 가난해졌습니다. 대체로 평범하게 살던 서민들이 손해를 보게 된 것이지요. 그러나 독일 국민 모두가 가난해진 것은 아니었습니다. 은행이나 다른 사람에게서 돈을 빌려 광산이나 공장, 대량의 상품을 사들인 사람들은 부동산이나 물건의 가치가 올라 큰 부자가 되면서 부가 불공정하게 분배되는 결과가 나타났습니다.

사회경제적 불안정이 심각해지던 때, 1923년 8월 총리에 취임한 구스타프 슈트레제만이라는 정치가가 과감한 개혁을 실시하면서 다행히 상황은 조금씩 나아졌습니다. 슈트레제만은 화폐개혁을 단행해 렌텐마르크 Rentenmark 라는 화폐를 도입했습니다. 화폐를 찍어내는 양을 점진적으로 줄이면서 새로운 화폐가 믿음을 얻어간 덕분에 돈의 가치와 물가는 차츰 안정됐습니다.

그러나 기나긴 경제적 어려움을 겪은 독일 국민은 무능했던 정부와 배상금을 물린 국가들을 향한 분노를 키운 상태였습니다. 이

—
하이퍼인플레이션 때문에 발행된 짐바브웨의 100조 달러 화폐

처럼 분노가 커진 시기에 강력한 정치, 독일 민족의 우수성을 강조하는 정치 지도자가 독일 국민의 지지를 업고 총통 자리에 올랐습니다. 그의 이름은 히틀러. 독일의 사회경제적 불안정이 결국 2차 세계대전을 일으키는 독재자를 탄생시킨 겁니다.

1920년대의 독일에서처럼 물가가 1년에 수백 퍼센트 이상 극심하게 올라가는 것을 하이퍼인플레이션, 초인플레이션이라고 합니다. 인플레이션은 통화량이 늘어나 화폐가치가 떨어지고 물가가 꾸준히 올라서 일반 대중의 실질적 소득이 줄어드는 현상을 말합니다. 이것은 한 나라의 경제가 발전하고 사람들의 소득이 늘수록 자연스럽게 벌어질 수 있는 일입니다. 그러나 하이퍼인플레이션은 자연스러운 물가상승을 초월해 걷잡을 수 없는 경제 상황을 가리킵니다. 독일뿐 아니라 아프리카의 짐바브웨, 남미의 베네수엘라·아르헨티나 모두 물가가 1년에 수천 퍼센트 이상 오르는 경험을 했고, 이 때문에 아직도 극심한 경제적 불안정에서 헤

오늘의 경제 키워드

❖ **인플레이션** 통화량이 팽창하여 화폐가치가 떨어지고 물가가 계속 올라 일반 대중의 실질적 소득이 줄어드는 현상. 보통 경제가 성장할수록 국민소득이 높아지면서 물가가 자연스럽게 오른다.

❖ **하이퍼인플레이션(초인플레이션)** 물가가 단기간에 엄청나게 치솟는 현상.

어나지 못하고 있습니다.

100여 년 전에 지폐를 난로에 태우는 모습은 역사 속 진풍경으로 남았지만, 한편으로 씁쓸한 교훈을 일깨워줍니다. 통화정책 실패와 경제적 불안정이 국민들을 고통에 빠뜨릴 수 있다는 사실이지요.

조선시대 실학자 박제가가 저술한 《북학의》

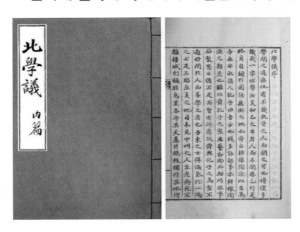

이 책에는 다음과 같은 내용이 적혀 있다.

"무릇 재물이란 우물과 같다. 우물은 퍼서 쓸수록 자꾸 채워지고,
버려두면 말라버리고 만다. 비단옷을 입지 않으니 나라 안에
비단 짜는 사람이 없어지고, 이로 인해 여공이 없어진다…"

이른바 '우물론'으로 알려진 내용이다. 사람들이 우물물을 퍼서 써야 신선하고
맛 좋은 물이 채워지듯, 사람들이 소비를 해야 생산과 투자가 이루어지고
나라 경제에 활기가 돈다. 250년 전 조선의 실학자는 일찌감치 이 사실을 깨달았다.
그렇다면 예기치 못한 가뭄으로 우물물이 말라버릴 때는 어떻게 해야 할까?

#긴급재난지원금 #코로나19사태 #헬리콥터머니
#기본소득 #공짜돈은효과가있을까

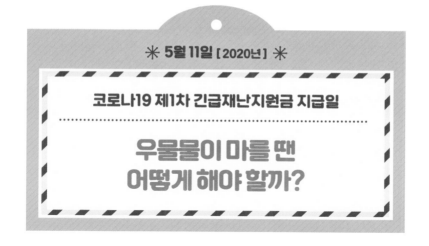

'세상에 공짜 점심은 없다'는 경제학의 유명한 명언이 있습니다. 세상의 어떤 것도 반드시 기회비용, 쉽게 말해 그 대가가 있다는 뜻입니다. 그런데 2020년 5월 11일, 우리나라에서는 놀랍게도 '재난지원금'이라는 이름으로 공짜 돈이 쏟아졌습니다. 나라 전체 가구에 1인 가구 기준 20만 원, 4인 가구 기준 100만 원 정도를 나눠준 것이죠. 정부는 약 14조 원의 돈을 써서 재난지원금을 지급했습니다. 1차 긴급재난지원금은 '아무 조건 없이' 모든 가구에 지급했다는 점에서 놀라웠습니다. 이제껏 국가가 전 국민에게 아무런 조건 없이 이렇게 돈을 나누어준 적은 한 번도 없었으니까요.

묻지도 따지지도 않고 돈을 나누어준 이유는 무엇 때문일까요? 코로나19 팬데믹 사태가 원인이었습니다. 코로나로 피해를 보는 국민을 돕는 것이 1차 목적이었지만, 그것이 전부는 아니었습니다. 박제가가 《북학의》에서 말한 것처럼 재물의 우물이 마르지 않게 막는 것이 주요한 이유였지요.

박제가가 살던 조선시대에도 해당하는 이야기지만, 특히 지금 우리가 살고 있는 자본주의사회에서는 경제의 모든 분야가 톱니바퀴처럼 맞물려 돌아갑니다. 예컨대 우리가 식당에서 음식을 사 먹거나 여행을 가는 행위는 무엇보다 우리에게 즐거움을 주지만, 사회 전체의 생산과 투자의 원동력이 되니까요. 만약 내가 음식점에서 생선구이를 사 먹으면, 생선을 잡아 올린 우리나라나 먼 나라의 어부 또는 생선을 유통하는 업자, 생선구이집 주인 등 많은 사람들이 수입을 얻습니다. 이렇게 수입을 얻은 사람들이 그것을 바탕으로 소비를 하면 이는 또 다른 생산과 투자로 이어지고요. 사람들의 소비활동이 이어져야 전 세계적으로 자본주의경제의 톱니바퀴가 제대로 돌아가고 우물물이 마르지 않습니다.

그런데 코로나19 사태가 이 톱니바퀴의 움직임을 망가뜨렸습니다. 전염병 때문에 사람들은 외출과 여행을 제한받았지요. 자연히 소비가 줄고 관광업이나 자영업이 큰 타격을 입었습니다. 전 세계적으로 이동이 제한되면서 무역도 쉽지 않아졌어요. 이 때문에 세계 모든 나라가 경기침체의 위험에 놓였습니다. 우리나라에서도 코로나19 때문에 전체 가구 중 36.9% 가구의 총소득이 줄고, 소비 지출이 감소한 가구도 35.9%로 나타났습니다. 이처럼 경기침체의 위험 신호가 보일 때, 우리나라를 비롯해 미국·일본 등 각국 정부가 생각해낸 것이 긴급재난지원금입니다.

이를 헬리콥터 머니에 비유하는 사람도 있었습니다. 헬리콥터 머니라는 말이 낯설다면 상상력을 동원해봐도 좋습니다. 어느 날 전국에 헬리콥터가 떠서 우리 머리 위로 현금을 뿌리는 광경을 떠올려보세요. 생각만 해도 짜릿하지요. 모든 사람들이 허겁지겁 돈을 주우면 어떤 일이 벌어질까요? 주운 돈을 차곡차곡 저축하거나 주머니에 쟁여 넣는 사람도 있겠지만 소비하는 사람도 많을 겁니다. 평소에는 비싸서 선뜻 지갑을 열지 못한 소고기를 사 먹고, 옷을 사거나 여행을 가는 데 돈을 쓸 수도 있습니다. 그 덕분에 식당과 옷가게는 수익을 얻을 테고, 덕분에 가게 주인은 또 다른 소비를 할 수 있겠지요.

20세기 미국의 경제학자 밀턴 프리드먼은 경기가 어렵고 사람들의 소득이 줄고 일자리가 줄어들 때는 헬리콥터에서 돈을 뿌리듯 국가가 사람들에게 돈을 나눠주어야 한다는 주장을 펼쳤습니다. 다만 중앙은행이 화폐를 찍어 헬리콥터로 직접 뿌릴 수는 없으니, 정부가 발행하는 국채(국가가 나랏일에 필요한 자금을 얻기 위해 돈을 빌려오면서 발행하는 일종의 차용증서)를 사들이고 정부에 돈을 빌려줍니다. 그러면 정부는 그 돈을 국민을 위해 사용할 수 있겠지요. 재난지원금처럼 가계에 현금을 직접 지급해 소비를 유도할 수도 있고, 인프라 투자 등을 위한 재정지출을 늘릴 수도 있습니다.

그렇지만 헬리콥터 머니나 긴급재난지원금을 반대하는 의견도 만만치 않았습니다. 어차피 효과가 크지 않고 일시적인 소비 늘리기에 그치기 때문에 쓸데없이 나라 살림만 낭비한다는 주장이지요. 소비가 늘어 오히려 물가상승만 부추긴다는 의견도 있습니다. '전 국민'에게 나눠주는 것보다 생활이 어려워진 사람들에게 나눠주는 것이 소비를 늘리는 데 더 큰 도움이 된다고 주장하는 사람들도 있었습니다.

찬반 의견이 팽팽히 맞섰지만, 국가가 '조건 없이' 나눠준 재난지원금을 받은 경험은 사람들에게 새로운 궁금증을 불러왔습니다. 아무 조건 없이 국민에게 현금을 지급한다는 기본소득에 대해 궁금증이 생긴 것입니다. 앞으로 로봇과 인공지능의 발달로 사람들의 일자리와 소득이 줄고 4차 산업혁명이 진행되면 소수의 플랫폼 기업만 배를 불릴 거라는 예측이 많습니다. 부가 이렇게 한쪽으로만 쏠리면 보통 사람들은 소비할 힘을 잃게 되죠. 소비의 우물이 마르면 생산과 투자도 어려워져 자본주의경제 자체가 제대로 돌아가지 못하리라는 예측도 가능합니다.

이런 이유에서 자본주의를 유지하기 위해 기본소득을 지급해야 한다는 의견이 나옵니다. 국가가 아무 조건 없이 개인에게 정기적으로 현금을 지급해야 소비가 꾸준히 이어지고, 따라서 생산과 투자도 가능하다는 이야기지요. 1차 긴급재난지원금은 개인이 아니라 가구에 일회성으로 지급된 것이긴 하지만, 새로운 상상을 가능하게 해주었습니다.

현실적으로 기본소득이 실현되려면 가야 할 길이 멉니다. 우리나라의 경우에는 예를 들어 30만 원씩 지급하려면 해마다 186조 원이 필요한데, 이를 위해서는 우리나라 국내총생산의 절반 이상을 사회복지 지출에 할애해야 합니다. 재원 마련이 쉽지 않다는 이야기지요. 긴급재난지원금처럼 소비를 늘리는 효과가 과연 있을까 하는 질문도 나오고요. 그러나 4차 산업혁명으로 사람들의 일자리와 수입이 줄어들 것이라는 예측도 있어, 기본소득을 둘러싼 논의는 전 세계에서 활발히 이루어지는 중입니다.

오늘의 경제 키워드

✧ **헬리콥터 머니** 중앙은행이 경기를 살리기 위해 시중에 대량으로 푸는 자금.

✧ **기본소득** 국가가 모든 사회 구성원에게 조건 없이 일정한 시기마다 현금으로 지급하는 소득.

비트코인 피자데이

2010년 5월 22일, 미국 플로리다에 사는 프로그래머
라스즐로 핸예츠(Laszlo Hanyecz)는 라지 사이즈 피자 두 판을 샀다.
어디서나 이루어지는 일상의 작은 소비에 불과해 보이지만,
놀랍게도 이날 핸예츠의 피자 구매는 훗날 많은 사람이 기념하는 사건이 되었다.
그가 피자를 살 때 지불한 것이 흔히 쓰는 달러가 아니라 '비트코인'이었기 때문이다.
비트코인 추종자들은 이날을 '피자데이'라 부르며 기념한다.

#비트코인 #블록체인기술 #암호화폐 #화폐의미래어떻게변할까

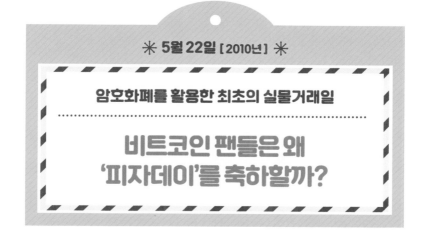

암호화폐를 활용한 최초의 실물거래일

비트코인 팬들은 왜 '피자데이'를 축하할까?

비트코인은 현실에 존재하는 돈이 아니라, 가상 세계에서 태어난 암호화폐의 하나입니다. 보통 우리가 실생활에서 쓰는 돈은 국가가 공식으로 인정한 법정화폐이기 때문에 믿고 사용합니다. 그러나 비트코인은 한 나라 정부가 발행하는 것이 아니라, 개인이 네트워크상에서 컴퓨터를 이용해 복잡한 연산 문제를 풀면서 지급됩니다. 광산에서 금을 캐는 것과 비슷하다고 해서 보통 '채굴'이라고 하지요. 비트코인을 얻으면 개인은 온·오프라인의 지갑에 저장할 수 있고, 다른 사람의 지갑으로 이체할 수도 있습니다.

비트코인이 거래되면 그 내역이 여러 대의 컴퓨터에 전산 기록으로 남습니다. 이 기록은 네트워크를 통해 수많은 컴퓨터에 나뉘어 저장되기 때문에 함부로 바꾸거나 수정하기 어려운데, 이를 블록체인 기술이라고 해요. 비트코인은 이 블록체인 기술을 활용해서 믿고 사용할 수 있게 만든 화폐입니다. 2009년에 나카모토 사토시라는 가명의 프로그래머가 법정 화폐를 대신할 새로운 화폐를 만들겠다는 발상에서 비트코인을 처음 개발했다고 합니다.

앞에서 말한 핸예츠도 컴퓨터 프로그래머였습니다. 자신의 컴퓨터로 비트코인 1만 4000개를 채굴한 그는, 피자를 구매하기 나흘 전인 5월 18일에 어느 인터넷 게시판에 글을 올렸습니다. 비트코인으로 피자를 주문할 수 있는지 알고 싶다는 내용이었지요. 당시 40달러 정도였던 피자 두 판 값을 비트코인으로 지불하겠다는 말을 덧붙였습니다. 그리고 나흘 뒤인 5월 22일, 어느 네티즌이 달러로 피자를 주문해서 핸예츠에게 전달하고 1만 비트코인을 받았습니다. 핸예츠는 비트코인으로 구매한 피자를 먹는 사진을 게시판에 올렸습니다. 실생활에서 비트코인을 통해 이루어진 첫 거래였습니다.

그때 가치가 불과 40달러 정도였던 비트코인은 현재 얼마 정도에 거래될까요? 핸예츠가 피자를 구매한 시기는 비트코인이 개발된 지 얼마 안 됐을 때였습니다. 그때 10원에 불과하던 1비트코인은 7년 뒤인 2017년 1월에 약 100만 원까지 올랐고, 그해 연말에는 약 2500만 원까지 치솟았습니다. 2018년에는 2000만 원을 넘겼지요. 10여 년이 지난 2023년 6월 기준으로 1비트코인은 3900만 원이 넘으니, 핸예츠가 지불했던 1만 비트코인은 현재 가치로 치면 약 3900억 원을 훌쩍 넘는 셈입니다. 이렇게 놀라운 가격상승을 기록했기 때문에 비트코인은 현재 전 세계 많은 사람들의 투자수단이 되었습니다.

2021년에는 미국의 전기차 기업 테슬라가 전기차를 거래하는 데 비트코인을 사용하겠다고 발표해 가격이 6만 달러 이상으로 오른 적이 있었습니다. 그렇지만 불과 몇 달 동안 수천만 원씩 가격이 오르락내리락할 정도로 변동이 커서 투자자들의 희비가 엇갈렸지요. 암호화폐에는 비트코인뿐 아니라 도지코인, 이더리움 등 다양한 종류가 있습니다. 그런데 이 화폐 중 하나에 투자했다가 가격이 급격히 떨어지는 바람에 빚을 지거나 경제적 어려움에 빠진 사람이 많아서, 암호화폐의 가격은 전부 '거품' 아니냐는 비판이 일기도 했습니다.

그렇다면 투자수단이 아니더라도, 비트코인은 화폐를 대신할 만한 자격을 갖췄을까요? 어떤 거래 수단이 화폐로 인정받으려면 세 가지 조건을 충족해야 합니다. 물건이나 서비스를 사고팔 수 있게 연결하는 교환의 매개 역할을 해야 하지요. 또한 그 자체로 어느 정도의 가치를 지녀서 사람들이 가치를 저장할 수 있는 수단이 되어야 합니다. 예를 들어 사람들은 소득이 생기면 이것을 달러나 금으로 바꿔서 모아두기도 하는데, 그 이유는 달러나 금에 변하지 않는 가치를 저장하는 기능이 있기 때문입니다. 뿐만 아니라 다른 상품의 가치를 알려주는 척도 기능을 한다는 조건도 충족해야 합니다. 이를테면 우리는 '자동차 한 대가 소 다섯 마리만큼의 가치가 있다'고 하지 않습니다. 소는 몸집이나 나이에 따라 가치가 달라지기 때문입니다. 그러나 '자동차 한 대는 2000만 원이다'라고 하면 단번에 이해할 수 있지요.

그렇다면 비트코인 같은 가상화폐도 이런 역할을 할 수 있을까요? 여전히 논란이 많은 문제입니다. 무엇보다 우리 주변에는 비트코인으로 물건을 살 수 있는 음식점이나 가게가 거의 없습니다. 다만 2022년에 세계적인 핀테크(첨단 정보기술을 바탕으로 한 금융 서비스) 업체인 페이팔Paypal이 전 세계 2600만 가맹점에서 암호화폐로 결제할 수 있고 송금 서비스도 지원하기로 하면서 변화의 조짐이 보입니다.

그러나 아직까지는 교환 매개로서 제대로 역할을 한다고 보기엔 무리가 있습니다. 게다가 1단위당 가치가 치솟았다가 급격히 떨어지기도 해서, 다른 상품의 가치를 재는 척도로 쓰기가 애매합니다. 그래도 2009년에 등장한 이후 비트코인 가격이 꾸준히 오른 점을 고려해 찾는 사람들이 계속 늘었기 때문에 금전적 가치를 저장하는 수단으로 인정받고 있습니다. 한마디로 아직까지는 화폐로 인정하기에 미흡한 점이 있고, 앞으로 제 역할을 해낼지에 대해서는 사람들 의견이 분분한 상태입니다.

물론 화폐의 미래는 함부로 단정 지을 수 없습니다. 역사의 흐름 속에서 화폐의 형태도 변신해왔으니까요. 비트코인이 출현한 뒤로 각국 정부는 디지털화폐를 중앙은행에서 직접 발행하겠다고 나서고 있습니다. 물론 중앙 기관에서 발행하는 화폐이니 비트코인과는 성격이 다르겠지만, 라이벌이 등장하면 비트코인의 미래가 어떻게 바뀔지 궁금해하는 사람이 많습니다. 반드시 중앙은행이 화폐를 발행해야 한다는 생각을 벗어나 시야를 넓혀야 한다고 주장하는 이들도 있고요. 화폐의 미래가 과연 어떻게 바뀔지, 비트코인은 그 속에서 어떤 역할을 할지 많은 이들이 궁금해하고 있습니다.

오늘의 경제 키워드

❖ 화폐 교환이 이루어지는 사회에서 상품의 교환과 유통을 원활하게 하고자 사용하는 매개 수단. 화폐가 교환수단으로 안정적으로 쓰이려면 화폐에 대한 신뢰가 깔려 있어야 한다. 화폐는 교환의 매개, 가치 척도, 가치의 저장수단 역할을 한다.

❖ 암호화폐 교환수단으로 쓰기 위해서 만든 디지털화폐 또는 가상화폐. 중앙정부나 중앙은행 같은 뚜렷한 관리 주체가 없으며, 이용자들 사이에 거래가 이루어지면 그 내역이 여러 대의 컴퓨터에 전산 기록으로 남는다. 대표적인 암호화폐로는 비트코인이 있다.

경제학자는 현실 투자에 성공할까?

책 속의 이론과 현실은 다른 경우가 많다.

그러나 현실에서도 주식 투자에 성공한 경제학자가 있다.

20세기의 위대한 경제학자라 불리는 존 메이너드 케인스가 그 주인공이다.

케인스는 영국 킹스칼리지라는 대학의 펀드를 운용했지만

초기에는 투자에 성공하지 못했다. 그런데 1930년대 경제 대공황으로 미국의 주가가

수십 퍼센트씩 하락하는 시기가 오자, 그는 값이 떨어지는 주식을 거침없이 사들였다.

기업의 가치에 견주어 저평가된 종목을 주로 사들였는데,

이 방식이 성공을 거두어 그의 투자는 엄청난 수익률을 기록했다.

일찍이 투자의 성공 법칙을 깨우쳤던 경제학자 케인스

이쯤 되면 그의 경제학 이론이 궁금해진다.

케인스가 20세기를 대표하는 경제학자로 불리게 된 비결은 무엇일까?

#존메이너드케인스 #유효수요 #뉴딜정책 #경제대공황 #루스벨트대통령 #수정자본주의

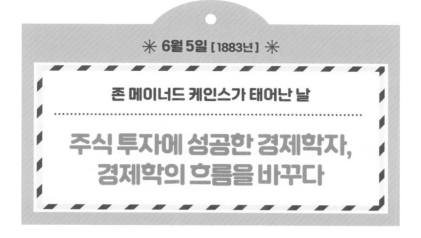

존 메이너드 케인스가 태어난 날

주식 투자에 성공한 경제학자, 경제학의 흐름을 바꾸다

존 메이너드 케인스는 영국 출신의 경제학자입니다. 1883년 6월 5일, 영국 케임브리지의 부유한 중산계급 부모에게서 태어났지요. 어릴 때부터 수학 천재로 불린 그는 영국의 명문 케임브리지대학에서 수학과 통계학을 전공하는 동시에 경제학을 공부했습니다.

그리고 유명한 학자가 된 인물로는 특이하게 공무원으로 일했습니다. 그 시기 영국의 식민지였던 인도를 지배하기 위한 인도부에서 2년 동안 근무한 뒤, 케임브리지대학으로 돌아가 강사로 일하면서 경제학 연구를 이어갑니다. 1차 세계대전 중에는 다시 정부 기관에서 일하며 재정 관련 업무를 맡았습니다.

케인스가 20세기의 위대한 경제학자로 불리게 된 계기는 대공황이었습니다. 미국에서 시작된 경기침체인 대공황은 소비·생산·투자의 위축, 은행의 파산을 불러왔습니다. 1933년에는 실업률이 25%까지 올라갈 정도여서 서민들은 생활이 힘들었지요.

문제가 몹시 심각한데도 당시 경제학자들은 별다른 대책을 내놓지 않았습니다. 수요와 공급의 움직임에 따라 장기적으로 모든 문제가 해결되고, 시장은 다시 균형을 찾을 수 있다고 믿었기 때문입니다. 경제학자 대다수가 19세기 프랑스의 경제학자 장 바티스트 세가 주장한 "공급은 스스로 수요를 창출한다"는 '세의 법칙'을 믿었습니다. 기업이 생산활동을 하며 상품을 생산해 공급하면 나라 전체의 수요가 따라오게 된다는 것입니다.

예를 들어 제과회사에서 열심히 빵과 과자를 만들면, 자연스레 이 상품들을 사 먹는 소비의 움직임이 이어집니다. 제과회사 사장은 빵과 과자를 팔아 번 돈으로 자기 가족을 위한 식료품이며 신발, 옷 따위를 사지요. 이런 식으로 공급이 먼저 이루어지면 수요는 따라오게 마련이니까, 장기적으로는 경제가 균형을 맞추어간다는 것이 그 시기 경제학자들의 생각이었습니다. 대공황도 일시적인 불균형일 뿐, 그냥 놔두면 시장의 법칙에 따라 저절로 해결된다고 믿었지요. 그러나 대공황은 생각보다 오랫동안 이어졌고, 사람들의 생활형편은 점점 더 어려워졌습니다.

이때 케인스는 고전경제학의 생각을 반박했습니다. 그는 공급보다는 수요가 먼저라고 생각했습니다. 특히 시장에서 실제 구매력이 있는 수요, 즉 유효수요가 부족하기 때문에 대공황이 일어났다고 생각했지요. 1920년대 미국 경제는 얼핏 호황을 누리고 주가도 올라간 듯 보이지만, 실상을 들여다보면 농민이나 비숙련노동자 등 서민층의 소득이 충분하지 않은 탓에 상품을 제대로 살 능력이 부족했다고 주장한 겁니다. 말하자면 시장에 공급은 충분했지만 이를 실질적으로 살 수 있는 수요가 부족해 경제위기가 왔다고 보았습니다.

케인스는 대공황을 해결할 열쇠가 '유효수요'를 늘리는 데 있다고 주장했습니다. 그래서 국민들의 소비를 늘리고 정부의 지출을 늘리는 것이 중요한 방법이라고 주장했지요. 이를 위해 그는 "정부가 빈 항아리에 돈을 가득 담아 땅속에 묻어두고, 기업이 사람들을 고용하고 굴착기를 사들여서 이를 마음대로 퍼 가게 하는 것이 낫다"고 말하기도 했습니다.

정말 돈다발을 땅에 묻어두라고 한 걸까요? 아닙니다. 일종의 비유였지요. 정부가 경제에 적극적으로 개입해서 공사를 벌이거나 새로운 정책을 펼치면 기업이 할 일이 생깁니다. 기업이 생산 활동을 하면 사람들이 일자리를 얻고 소득이 생기지요. 새로운 소득 덕에 주머니가 두둑해진 사람들은 자연히 많은 상품을 소비합니다. 상품이 잘 팔리면 기업은 더 많은 상품을 만들어 팔고, 덕분에 생산과 투자가 늘면서 경기가 살아난다는 것이 케인스의 주장이었습니다.

대공황의 위기 속에서 미국 32대 대통령이 된 프랭클린 루스벨트는 케인스의 의견을 받아들여 경제에 적극적으로 개입하는 정책을 실시했습니다. 대표적으로 테네시강 유역 개발처럼 국가가 주도하는 대규모 공사를 통해 사람들의 소득과 일자리를 늘려주는데 힘썼습니다. 뿐만 아니라 저소득층의 최저생활수준을 보장하기위해 사회보장제도를 실시하거나 보조금을 주기도 했습니다. 노동자들이 자신들의 권리와 이익을 주장하고 임금협상을 할 수 있도록 노동조합 결성을 허용하기도 했지요. 그래야 서민들이 구매력을 회복하고 소비를 늘릴 수 있다고 보았기 때문입니다. 이렇게 경제에 적극적으로 개입하며 불황을 해결하려 한 루스벨트 정부의 경제정책을 '뉴딜정책'이라고 합니다.

오늘의 경제 키워드

❖ **유효수요** 구매력이 뒷받침된 쓸모 있는 수요. 케인스는 소비와 투자, 정부의 지출 등 유효 수요가 뒷받침되어야 한 나라의 경제가 원활히 움직인다고 보았다.

❖ **뉴딜정책** 1933년에 미국 대통령 루스벨트가 경제공황에 대처하기 위해 펼친 경제부흥정책. 이 정책이 시행된 이후 전 세계 자본주의의 흐름이 수정자본주의로 바뀌었다.

케인스의 사상은 뉴딜정책 이후 20세기의 경제정책을 이끄는 데 큰 영향을 주었습니다. 그전까지 정부는 기업이나 개인의 경제활동에 간섭하지 않고 자유를 최대한 보장하며 치안이나 국방 정도의 일만 했습니다. 그러나 케인스 사상의 영향을 받은 뒤로는 정부가 자본주의의 문제점을 해결하기 위해 시장에 적극 개입하게 되었습니다. 이러한 자본주의의 형태를 수정자본주의라고 합니다. 경제학의 흐름이 바뀌는 데 큰 영향을 준 케인스는 경제학의 아버지 애덤 스미스와 함께 '경제학의 양대산맥'이라 일컬어집니다.

미크로네시아에 있는 야프Yap섬

이 섬의 전통 화폐는 모양이 특이하다. 지름 3.6미터, 두께 50센티미터,
무게가 4톤이나 될 정도로 거대하다. 돈을 만드는 과정도 독특하다.
주민들이 650킬로미터쯤 떨어진 옆 섬에 가서 석회암을 구해와 가공한 뒤
돌 바퀴를 만들어 화폐로 사용한다. 야프섬 사람들은 돌 자체보다
이 돈을 옮기고 가공하는 데 투여된 노동력 등을 고려하여 가치를 매긴다.
세상에서 가장 '무게감' 있는 돈이라고 할 수 있다.
야프섬의 화폐 이야기를 들으면 우리 지갑에 있는 돈에 대한 의문이 생긴다.
무게가 1그램도 채 안 되는 이 얇고 가벼운 종이.
우리는 무엇을 믿고 돈을 주고받으며 거래하는 걸까?

#중앙은행 #한국은행 #은행의은행 #정부의은행 #기준금리 #통화량조절

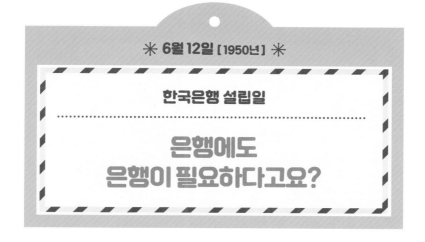

한국은행 설립일

은행에도
은행이 필요하다고요?

우리는 음식점에서 식사를 하거나 문구점에서 학용품을 살 때 지갑에서 초록색이나 주황색 얇은 종이를 꺼냅니다. 그리고 이 종이를 가게 주인에게 내밀지요. 가게 주인은 종이를 금고에 넣어두고 거래할 때 사용합니다. 얇고 가벼운 이 종이를 믿고 거래할 수 있는 이유는 무엇일까요?

이 종이에 공통으로 쓰여 있는 글자로 그 이유를 알 수 있습니다. '한국은행'이라는 네 글자가 큰 역할을 한답니다. 한국은행은 우리나라에서 유일하게 화폐를 발행할 수 있는 공인 기관인 중앙은행입니다. 우리나라의 금융제도를 책임지고 운영하는 정부기관이기도 하고요.

—
한국전쟁 때 파괴된 한국은행

1950년 6월 12일은 한국은행이 태어난 날입니다. 1945년에 일본의 식민지에서 벗어나 1948년에 대한민국의 총선거를 치른 뒤 정부가 들어선 후였습니다. 나라가 새롭게 세워진 만큼 공식적으로 발행하는 화폐도 꼭 필요했습니다. 그때까지는 일제 식민지 시기의 조선은행에서 발행한 조선은행권이라는 돈이 유통됐지만 이제 새로운 나라에서 만든 화폐가 필요했고, 따라서 화폐를 만들 중앙은행이 필요했지요.

그런데 날벼락 같은 일이 벌어졌습니다. 한국은행이 설립된 지 불과 14일 만에 한국전쟁이 일어났기 때문입니다. 한국은행은 어쩔 수 없이 대전으로 피했습니다. 문제는 한국은행이 피란할 때 미처 챙기지 못한 16톤 이상의 금과 은 그리고 예전에 조선은행이 발행한 40억 원 정도의 조선은행권이 있었다는 겁니다. 이것을 북한군에 뺏기면서 나라 재산이 대부분 북한에 넘어간 셈이 되었습니다. 심지어 북한이 전쟁 중에 조선은행권을 불법으로 시중에 풀면서 대한민국의 화폐제도 자체가 흔들렸습니다. 시중에 유통되는 화폐의 양이 많아져서 가치가 낮아지고 화폐에 대한 믿음이 깨어지고 말았지요.

이 아수라장 같은 상황을 떠올리면 역설적으로 중앙은행의 역할이 얼마나 중요한지 짐작할 수 있습니다. 시중에 돈이 얼마나 유통되는지에 따라 나라의 경제 사정이 바뀔 수 있으니까요. 만약 시중에 발행되어 유통되는 화폐의 양(통화량)이 많은 경우, 주머니가 두둑해진 사람들은 소비를 늘릴 수 있습니다. 이에 따라 기업의 상품생산이 활발해지지만, 한편으로는 물가가 올라 국민들의 생활이 어려워질 수 있어요. 반대로 시중에 화폐의 양이 부족하면 사람들은 돈이 없어서 소비를 하지 못합니다. 이 때문에 기업의 생산이나 투자가 줄어들면서 일자리가 부족해지고 실업률이 높아질 수 있습니다.

그래서 중앙은행은 경기의 흐름을 살펴보며 통화량을 조절하는 역할을 합니다. 돈을 직접적으로 많이 찍어내거나 거두어들이는 데는 부작용이 따르기 때문에 '기준금리'라는 것을 움직이지요. 기준금리는 한 나라에 존재하는 다양한 금리의 기준이 되는 이자율입니다. 예컨대 경기가 나쁠 때 중앙은행은 기준금리를 내립니다. 그러면 여러 은행의 대출금리와 예금금리가 함께 낮아지는데, 이때 사람들은 대출을 늘리고 예금에 묶어두는 돈은 줄이고 소비와 투자를 늘립니다. 덕분에 경기가 활발해지는 효과가 나타나지요.

중앙은행은 은행의 은행 역할도 합니다. 우리가 이용하는 많은 은행들도 운영하는 데 돈이 모자라면 어디에서 돈을 빌려야 합니다. 이때 중앙은행이 최후의 대부자 역할을 하는 겁니다. 시중 은행들이 최소한의 자금을 은행 저장고에 얼마나 남겨둘지 그 비율을 결정해주기도 합니다.

더불어 한국은행은 정부의 은행 구실을 합니다. 정부는 국민에게서 거둔 세금 등의 수익을 한국은행에 맡깁니다. 그리고 국가가

오늘의 경제 키워드

❖ **중앙은행** 국가의 화폐를 발행하고 금융제도를 운영하는 기관. 우리나라의 한국은행, 영국의 잉글랜드은행, 미국의 연방준비은행 등이 중앙은행에 해당한다.

❖ **기준금리** 자금을 조달하거나 운용할 때 적용하는 금리의 기준이 되는 금리. 우리나라는 한국은행의 금융통화위원회에서 1년에 8회 기준금리를 정한다.

어떤 사업이나 정책을 실시할 때 국공채를 발행해 돈을 빌려주기도 합니다. 이처럼 중앙은행은 화폐만 발행하는 것이 아니라, 한 나라의 금융정책을 결정하는 아주 큰 임무를 맡고 있는 셈이지요.

5만 원권의 얼굴 후보들

김구, 김정희, 신사임당, 안창호, 유관순, 장보고, 장영실, 정약용, 주시경, 한용운.
2007년, 역사적인 인물 10명이 후보에 올랐다.
새로 만들 5만 원권 지폐 모델의 후보 명단이었다.
2009년, 5만 원권의 모델로 결정된 인물은 신사임당이었다.
신사임당의 모습을 새긴 가로 154밀리미터, 세로 68밀리미터의 지폐.
이 화폐의 등장은 우리나라 경제에 어떤 영향을 주었을까?

#5만원권 #신사임당 #우리나라최초의여성지폐모델 #리디노미네이션
#화폐개혁은왜실패로끝나는가

5만 원권 지폐 발행일

한국 경제의 '대세 화폐'가 태어난 날

2009년 6월 22일, 우리나라에 새 지폐가 탄생했습니다. 오랜 논의를 거친 끝에 발행하기로 결정한 5만 원권 지폐였어요. 1973년 처음 발행된 1만 원권이 최고액 지폐로 유지된 지 36년 만에 새로운 고액권 화폐가 발행된 것이지요. 그만큼 사람들의 관심이 컸습니다. 새 지폐를 발행할 계획이라는 발표가 나오자, 어떤 인물이 화폐의 모델이 될지 궁금해하기도 했습니다. 결국 후보 10명 중에서 신사임당의 초상이 지폐에 들어가게 되었습니다.

이와 별개로, 고액권 발행이 우리 경제에 어떤 영향을 줄지 우려하는 사람들이 있었습니다. 5만 원권이 나오기 전에는 결혼식·장례식 등의 축의금과 조의금 그리고 세뱃돈으로 3만 원 정도를 전하는 경우가 많았어요. 그런데 5만 원권이 나오면 기본적으로 전하는 액수가 5만 원으로 높아지리라는 전망이 있었습니다. 또한 3만 원대인 물건 가격이나 서비스 요금은 조금만 값을 올리면 금세 5만 원대 상품으로 바꿀 수 있지요. 1만 원, 3만 원 정도는 상대적으로 크지 않은 액수로 인식되어 물가상승으로 이어질 거라는 전망이 많았습니다.

불법적인 비리나 로비 자금에 5만 원이 쓰일 거라는 걱정도 있었습니다. 편지봉투 하나에 5만 원권 100장, 즉 500만 원이 거뜬히 들어갈 정도이니, 뇌물을 몰래 주고받을 때 증거가 별로 남지 않고 전달하기도 어렵지 않으리라는 말이었지요. 이처럼 5만 원권이 건전한 경제활동을 해칠 거라는 부정적인 견해가 많았습니다.

그럼에도 5만 원권 지폐를 만들게 된 이유가 있었습니다. 무엇보다 1만 원권 지폐를 만들었던 1973년에 견주어 우리나라 경제 규모가 어마어마하게 커졌기 때문입니다. 1만 원권이 나올 때 우리나라의 국민총소득은 137억 달러에 불과했습니다. 그런데 5만 원권이 나오기 직전인 2008년에는 경제 규모가 9347억 달러로 거의 70배 가까이 커졌습니다. 이렇게 늘어난 경제 규모에 비해 사람들이 주로 쓰는 화폐의 액면가가 낮았기 때문에 10만 원짜리 수표를 발행하거나 1만 원짜리를 많이 발행해야 했습니다. 그러나 5만 원권이 탄생해 1만 원권이나 10만 원권 수표를 대신하면서 화폐의 유통이 훨씬 편리해졌지요. 또한 현금을 휴대하기 쉽고 지갑 두께가 얇아져 불편함이 줄었습니다.

우리나라처럼 고액권 화폐를 만들기도 하지만, 반대로 지폐의 액면가를 낮추며 아예 새로운 화폐를 만들기도 합니다. 2021년, 남아메리카에 있는 베네수엘라는 화폐 단위에서 숫자 0을 여섯 개 빼는 방식으로 화폐를 개혁했습니다. 우리나라로 치면 100만 원이 1원이 되는 식의 변화였지요. 베네수엘라의 화폐단위는 볼리바르Bolivar로, 미국 돈 1달러가 321만 9000볼리바르 수준이었지만 화폐개혁 이후에는 1달러가 3.2볼리바르 정도로 바뀌었습니다.

이렇게 과감한 화폐개혁을 한 이유는 무엇일까요? 베네수엘라는 오래전부터 지독한 인플레이션을 겪고 있는 나라입니다. 2020년 이 나라의 물가상승률은 무려 2360%나 되었습니다. 정부에서 실시한 화폐제도가 실패하면서 물가가 천정부지로 치솟았지요. 물가상승률이 이렇게 높으면 화폐는 쓸모없어질 가능성이 큽니다. 우리나라 돈으로 1000~1500원이면 살 수 있는 1달러를 이 나라에서는 321만 볼리바르를 주고 겨우 살 수 있었습니다. 돈의 액면가는 높지만 그 돈으로 휴지 하나 사기 어려울 정도로 가치가 형편없었지요. 이런 경우, 돈을 계산하거나 물건값을 치를 때도 불편할뿐더러 경제에 심각한 혼란이 옵니다. 그래서 국가 차원에서 거추장스러운 0을 떼어버리는 화폐개혁을 한 것입니다. 이처럼 화폐 액면가를 같은 비율의 낮은 숫자로 바꾸는 것, 쉽게 말해 0을 떼어버리는 개혁을 리디노미네이션이라고 합니다.

베네수엘라 정부가 돈에서 0을 떼어내는 방식으로 노린 효과는 무엇일까요? 일단 화폐의 단위 수가 작아지니 거래가 편해집니다. 사람들이 이 돈을 믿고 사용하면 심각한 물가상승도 잡을 수 있고요. 그러나 화폐개혁이든 화폐제도의 변화든 모두 '화폐에 대한 믿음' 그리고 정부의 경제정책이 안정적으로 효과를 발휘하리라는 믿음이 있어야 의미가 있습니다.

그런데 베네수엘라의 지독한 인플레이션은 정부의 경제 운용 실패에서 비롯된 것이었습니다. 나랏돈이 부족한 상태에서 베네수엘라 정부가 화폐를 마구 찍어낸 것이 물가상승으로 이어졌기 때문입니다. 정부와 중앙은행이 경제를 안정시키고 제대로 된 화폐를 찍어내리라는 믿음이 없었기 때문에 베네수엘라의 리디노미네이션은 실패로 돌아갈 수밖에 없었지요.

아프리카의 짐바브웨도 베네수엘라처럼 심각한 물가상승 때문에 리디노미네이션을 했지만 큰 소용이 없었습니다. 0을 떼어냈지만 결국 짐바브웨달러는 쓸모없어져 폐기되고 말았어요. 그래서 짐바브웨는 자기 나라 화폐 대신에 미국 달러를 쓰는 실정입니다.

우리나라의 5만 원권은 이제 국민들이 안정적으로 사용하는 화폐로 자리 잡았습니다. 그에 반해 베네수엘라의 새로운 화폐개혁은 별 효과 없이 실패로 끝났습니다. 두 나라의 경우를 비교해보면 화폐를 새로 만들거나 개혁하는 데 가장 중요한 조건이 무엇인지 깨달을 수 있습니다. 바로 경제정책을 운영하는 정부와 중앙은행에 대한 국민들의 믿음이라는 조건입니다.

오늘의 경제 키워드

❖ **리디노미네이션** 한 나라에서 사용하는 화폐의 액면가를 같은 비율의 낮은 숫자로 바꾸는 조치. 말하자면 화폐단위를 하향 조정하는 것을 가리킨다.

5월 5일 어린이날

5월 5일은 어린이날입니다. 소파 방정환 선생이 어린이가 밝고, 슬기롭고, 씩씩하고, 건강하고, 예쁜 마음으로 자라나기를 바라며 1923년 5월 1일에 정한 날이지요.

1933년 어린이날 포스터.
어린이날은 1923년에 처음 만들었을 때는 5월 1일이었다가 5월 5일로 바뀌었다.

그런데 지금은 미래의 주인공으로 대접받는 어린이들이 온종일 고된 노동에 시달리던 때가 있었습니다. 예컨대 18세기 영국의 화가이자 시인 윌리엄 블레이크의 〈굴뚝 청소부〉라는 시는 다음과 같이 시작합니다.

　　"엄마가 돌아가셨을 때 나는 아주 어렸다 / 아버지는 나를 팔았다 / 아직 내 혀가 거의 울음weep을 외치지도 못할 적에 / 그래서 나는 당신의 굴뚝을 청소하고, 또 검댕 속에서 잔다."

　　시에서 알 수 있듯이 당시 영국의 굴뚝 청소부는 대부분 어린이들이었습니다. 빈민을 수용하는 구빈원에서 자란 어린이들이 몸집이 작아 굴뚝 청소에 적합하다는 이유로 청소부 일을 했습니다. 굴뚝을 청소하다가 떨어져 다치거나 화재로 사망하는 일이 생길 만큼 위험한 조건에서 일했지요. 공장이나 탄광에서도 마찬가지였습니다. 공장에서 열 살 남짓의 어린이가 15시간씩 일하거나, 네 살 정도의 유아가 탄광의 좁은 갱도에서 노동하는 경우도 있었습니다. 더 낮은 임금을 주고 작은 기계 아래에서 일을 시킬 수 있었기 때문에 약자인 어린이들이 종종 가혹한 환경 속에 놓였지요.

오랜 세월에 걸쳐 노동환경이 개선되면서 지금은 많은 국가가 15세 미만 아동의 노동을 불법으로 규정하고 있습니다. 우리나라도 15세 미만인 사람은 근로자로 일할 수 없다고 〈근로기준법〉에 규정해 놓았습니다.

그러나 최근 국제노동기구ILO에서 조사한 바에 따르면 전 세계 어린이의 10%가 여전히 노동에 시달리고 있다고 합니다. 특히 2016~2020년에는 만 5~11세 아동의 노동이 전체 아동노동에서 차지하는 비중이 절반을 넘어설 정도로 늘었다고 해요. 미래의 주인공임에도 제대로 교육받지 못하고 마음껏 놀지 못하는 어린이들이 과거에도 존재했고 지금도 전 세계 곳곳에 있다는 사실을 잊지 맙시다.

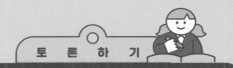

비트코인,
미래의 화폐로 널리 쓰일 수 있을까요?

비트코인 로고
비트코인은 미래의 화폐가 될 수 있을까?

사회자 안녕하세요. 오늘은 비트코인 이야기를 해보겠습니다. 2009년에 등장한 비트코인은 대표적인 암호화폐로 쓰이고 있습니다. 2021년 어느 기관의 조사에 따르면 직장인의 40.4%가 비트코인을 포함한 암호화폐에 투자하고 있다고 합니다. 이 암호화폐가 미래의 화폐로 사람들 사이에 널리 쓰일 수 있을까요? 유미래 씨와 김유지 씨의 의견을 들어보겠습니다.

유미래 저는 비트코인이 미래에 화폐로서 역할을 할 거라고 생각합니다. 지난 2021년 9월부터 남미의 엘살바도르에서는 비트코인을 제2 법정화폐로 쓰고 있지요. 이 나라에서는 상점에서 비트코인으로 물건을 살 수 있습니다. 공과금을 낼 때도 비트코인을 쓸 수 있고요. 아르헨티나에서도 비트코인 같은 암호화폐로 임금을 지급하는 법안이 발의되었습니다. 비트코인이 사용되는 사례가 점점 늘고 있는 거죠.

김유지 유미래 님이 말씀하신 엘살바도르나 아르헨티나의 이야기는 사실입니다. 그러나 그 배경을 자세히 살펴봐야 합니다. 두 나라 모두 극심한 경제 불안과 인플레이션에 시달리는 국가입니다. 엘살바도르는 심각한 인플레이션으로 2000년에 이미 자기 나라 화폐를 포기하고 미국 달러화를 제1 통화로 쓰고 있어요. 아르헨티나 역시 심각한 인플레이션 때문에 화폐가치가 떨어져 비트코인을 선택한 겁니다.

유미래 그렇게 경제 불안이 심한 나라에서 비트코인을 선택했다는 사실이 의미심장하지 않은가요? 새로운 화폐경제를 안정시키기 위한 대안으로 비트코인이 쓰임새가 있다는 뜻으로 볼 수 있습니다.

김유지 그렇지 않습니다. 화폐로 널리 쓰이려면 그 가치가 안정된 상태로 꾸준히 유지되어야 한다는 조건이 있습니다. 그런데 비트코인 가격은 급등과 급락을 이어가고 있습니다. 심지어 엘살바도르 정부는 비트코인을 법정화폐로 쓰기로 한 2021년 이후 암호화폐 가격이 폭락하면서 비트코인 투자 금액의 약 60%에 해당하는 손실을 입었지요.

유미래 비트코인 가격은 단기적으로 보면 오르락내리락하지만, 어쨌든 2009년 처음 개발된 이후 꾸준히 상승해왔어요. 디지털데이터이지만 사용자도 계속 늘고 있습니다. 그러니까 투자수단으로 사랑받는 것이지요.

김유지 장기적으로 봤을 때 가치 저장 수단으로 인정할 수 있다 하더라도, 가치척도로 쓸 만큼 사람들이 그 화폐의 가치를 안정적으로 느껴야 하며 하루하루의 변동 폭이 크지 않아야 합니다. 아무리 환율이 변해도 우리나라 원화의 가치가 갑자기 휴지 조각만 못하게 되는 일은 쉽게 일어나지 않잖아요. 그렇지만 비트코인은 나라에서 공인된 기관이 발행하는 것이 아니어서 가격을 보증하는 주체조차 없기 때문에 변동 폭이 너무 큽니다. 실제로 2021년 말에 9000만 원 이상을 줘야 살 수 있던 비트코인 가격이 2022년에는 2000만 원대면 살 수 있을 만큼 바닥으로 떨어졌어요.

유미래 그렇지만 발행 주체가 없다는 건 장점이 될 수도 있어요. 국가가 비트코인을 없애고 싶어도 발행 주체가 없으니 쓰지 못하게 누군가를 막을 수 없습니다. 개인의 사용이 늘어날수록 화폐로 쓰이는 흐름을 막을 수 없습니다.

김유지 말씀이 나와서 말인데, 화폐로 제구실을 하려면 무엇보다 교환의 매개로 쓸모가 있어야 합니다. 그런데 비트코인으로 일반 상점에 가서 물건을 사거나 외식을 하기는 여전히 어렵잖아요?

유미래 물론 지금은 쉽지 않지만, 비트코인도 점차 그런 자격을 갖추어가고 있습니다. 요즘에는 온라인 거래소나 오프라인 ATM 기기에서 원화나 달러화처럼 법정화폐로 바꿀 수 있고, 다른 이용자의 지갑으로 자유롭게 전송할 수 있습니다.

김유지 하지만 지갑에서 지갑으로 전송하는 속도가 느립니다. 그리고 전송하는 데 드는 수수료가 비싸요. 많은 사람들이 비트코인 네트워크로 전송할수록 대기해야 하는 전송 건이 많아지고 수수료가 더 비싸집니다. 비트코인을 자유로이 거래하려면 아직 갈 길이 멀지 않나 생각합니다.

유미래 갈 길이 멀지만 미래에는 정보통신 기술의 발달로 세상이 많이 바뀌고 비트코인을 비롯한 암호화폐의 역할도 커질 거라고 봅니다. 세계적인 석학과 기업 대다수가 메타버스 시대가 오리라 전망하고 있어요. 앞으로 비트코인이 교환의 매개로 널리 쓰이면 쓰일수록 가치가 안정될 것으로 봅니다. 멀리 내다볼 필요도 없어요 미국 아마존페이와 스타벅스 별 포인트는 어지간한 국가의 1년 예산을 훌쩍 뛰어넘을 정도로 규모가 크잖아요? 메타버스 시대가 오면 비트코인도 그만한 규모로 쓰일 거라고 봅니다.

김유지 그렇지만 비트코인은 채굴량이 정해져 있습니다. 애초에 비트코인은 초기 개발자가 그 수를 2100만 개로 정해놨기 때문입니다. 비트코인 사용자는 늘어나지만 남은 비트코인 수는 줄어들고, 따라서 비트코인 가치가 상승하면 그에 대비해 물가가 떨어지는 디플레이션이 일어날 수 있어요.

사회자 화폐가 되려면 교환 매개로 쓰여야 하고, 가치를 저장할 수 있어야 하고, 안정된 가치척도로 쓸 수 있어야 합니다. 그런데 비트코인은 아직까지 교환의 매개나 가치척도로 쓰기에는 불안정하고 쓰임새가 제한되어 있군요. 아무튼 유미래 씨 말씀대로 정보통신 기술의 발달로 암호화폐가 큰 역할을 할지, 김유지 씨 말씀대로 경제의 불안정만 불러올지 궁금해집니다. 오늘 토론 잘 들었습니다. 감사합니다.

3분기
7월~9월

7월 1일 테슬라 창업일		**7월 1일~22일** 브레턴우즈협정 체결한 날
7월 1일 일본 상품 불매운동이 일어난 날	**7월 12일** 러다이트운동이 촉발한 계기가 된 날	**7월 20일** 인류가 최초로 달에 착륙한 날
8월 8일 스노브효과를 악용한 사건이 일어난 날		**8월 12일** 금융실명제를 시행한 날
9월 7일 구글 설립일	**9월 15일** 리먼브러더스 파산일	**9월 19일** 하킨-엥겔 협약 체결일

골프장에서 흔히 볼 수 있는 골프 카트

♡ ○ ◁

시속 30~40킬로미터를 낼 수 있는 이 자동차는 전기의 힘으로 달린다.
2000년대 초반까지만 해도 전기차는 대부분 이처럼 느리고 귀여운 모습이었다.
한때는 경제성이 없다고 여겨져 대중화하지 못하기도 했다.
그러나 이제 전기차는 도로 위를 달리는 대세 자동차로 자리 잡아가고 있다.
실제로 도로에서 멋지고 날렵한 전기차가 달리는 광경을 쉽게 볼 수 있다.
비효율적이라 여겨지던 전기차를 누가 대세 자동차로 만들었을까?
테슬라라는 기업이 그 주역이다.

#전기차 #테슬라 #기가팩토리 #전기차는어떻게대세가되었나

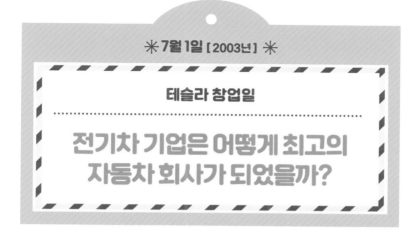

테슬라 창업일

전기차 기업은 어떻게 최고의 자동차 회사가 되었을까?

2003년 7월 1일, 마틴 에버하드와 마크 타페닝이라는 두 청년이 스타트업 회사 '테슬라'를 세웠습니다. 에디슨의 라이벌이라 불린 발명가 니콜라 테슬라의 이름에서 따왔지요. 이미 전자책 단말기 사업으로 성공을 거둔 적이 있는 두 청년은 '배터리' 생산에 관심이 많았습니다. 전 세계적으로 쓰이는 자동차 휘발유 대신에 리튬이온배터리를 사용하는 자동차를 생산해보기로 결심했습니다.

그러나 주변 사람들 대다수가 두 사람의 아이디어에 반대했습니다. 우리나라도 마찬가지지만 미국에서도 자동차 회사는 주로 오래된 대기업이 운영합니다. 공장에서 자동차를 생산하려면 우선

189

공장 설비를 갖추고 원료를 수입하는 데 어마어마한 자본이 필요하지요. 안전이 중요한 자동차이니만큼 소비자들은 어느 정도 알려진 기업의 자동차를 믿고 구매하는 편입니다. 신뢰를 쌓는 데에도 시간이 필요합니다. 이래저래 자동차 부문은 오래된 회사 외에는 후발 주자가 끼어들기 쉬운 시장이 아닙니다.

그러나 두 청년은 온갖 반대를 무릅쓰고 기업을 시작하기 위해 일론 머스크라는 백만장자를 찾아갑니다. 일론 머스크는 젊은 나이에 인터넷 결제 시스템인 페이팔과 우주 항공 기업을 세워 성공을 거둔 사업가입니다. 두 청년의 회사는 이 성공한 백만장자의 관심을 끌었습니다. 일론 머스크가 650만 달러를 투자하면서 최대주주이자 회장이 되고 테슬라라는 기업이 본격적으로 움직였습니다.

테슬라는 2008년에 전기 스포츠카를 내놓으면서 시장에 데뷔했습니다. 2012년에 내놓은 '모델S'는 미래지향적인 디자인으로 시장에서 선풍적인 인기를 끌었습니다. 그해 미국에서 '올해의 차'로 선정되는 영광도 누립니다.

테슬라는 점차 미래의 아이콘으로 사람들에게 인식되었습니다. 100년이 넘는 긴 역사를 자랑하는 다른 자동차 회사들보다 비교적 짧은 시간에 주요 자동차 기업으로 자리 잡았지요. 2016년에 나온 '모델3'는 그해에 미국에서 가장 많은 매출을 올린 차종으로 기록되었습니다.

성공을 발판으로 테슬라는 새로운 시도를 했습니다. 2014년에 규모가 어마어마한 '기가팩토리Gigafactory'라는 공장을 건설한 것입니다. 미국의 네바다주 외곽에 세운 이 공장은 전기차뿐 아니라 리튬이온배터리를 같이 생산하는 장소입니다. '기가'는 10억을 뜻하는 단위인데, 그 의미에 걸맞게 기가팩토리는 매우 많은 양의 배터리와 차량을 만들겠다는 생각을 담고 있습니다.

테슬라는 왜 이렇게 거대한 공장의 건설을 서둘렀을까요?

그동안 자동차 기업들이 전기차를 만들 만한 능력이 충분한데도 이를 대량생산하지 않은 이유가 있습니다. '만들면 만들수록 손해'라고 생각했기 때문입니다. 전기차의 핵심은 배터리라고 볼 수 있는데, 이 배터리 가격이 자동차 가격의 40%를 차지할 만큼 비중이 크고 비쌉니다. 배터리를 만드는 기업은 보통 따로 있기 때문에 배터리를 사려면 돈이 많이 들지요. 이 비싼 배터리 때문에 테슬라 이전에는 전기차를 조금씩은 만들어도 대량으로 생산하는 기업이 없었습니다.

이 문제를 해결하기 위해 테슬라는 기가팩토리에서 전기차를 직접 생산하기로 결정한 겁니다. 처음에는 공장을 만드는 데 많은 비용이 들지만, 일단 공장을 세워놓으면 배터리 하나 더 만든다고 해서 아주 많은 돈이 들어가지는 않습니다. 배터리 하나 더 만들어봤자 원자잿값, 생산용 로봇을 움직이는 비용 정도만 더 추가되기 때문이지요.

이처럼 어떤 기업이 상품을 대량으로 생산할수록 평균적으로 들어가는 가격이 줄어드는 현상을 '규모의 경제'라고 합니다. 보통 초기비용이 많이 들어가는 산업, 예를 들어 철도나 통신 사업, 블록버스터 영화제작 산업 등이 규모의 경제가 나타나는 산업입니다. 통신회사의 경우, 처음에 통신망을 깔고 기초 작업을 하는 데 돈이 많이 들지만, 나중에 통신회사 가입자가 한 명 더 늘어난다고 해서 추가 비용이 엄청나게 들어가지는 않습니다. 오히려 대량생산을 할수록(통신회사 이용 고객이 늘어날수록) 평균적으로 들어가는 비용은 줄어듭니다.

테슬라는 기가팩토리를 세워 규모의 경제를 이루었고, 덕분에 배터리 생산가격을 획기적으로 줄였습니다. 1억짜리 전기차 한 대를 만들면 3000만 원이 남을 정도로 유리한 환경을 조성했지요. 많

오늘의 경제 키워드

❖ **규모의 경제** 산출량을 늘릴수록 한 단위당 생산비용이 줄어들어 이익이 증가하는 현상. 예컨대 전기나 철도, 블록버스터 영화제작처럼 규모가 큰 산업은 초기에 비용이 많이 들지만 일단 기반 시설을 마련해놓으면 대량으로 생산할수록 평균 생산비용이 줄어드는데, 이를 규모의 경제라고 한다. 대체로 초기비용을 감당할 만큼 덩치가 큰 기업이 이런 사업에 뛰어들 수 있다. 따라서 철도·전기·자동차 산업 등에는 나라에서 세운 공기업 또는 대규모 자금을 감당할 수 있는 대기업이 참여하는 경우가 많다.

이 만들어 팔면 팔수록 이익이 되는 구조를 만든 셈입니다.

한때 적자의 상징이었던 전기차 생산구조를 혁신적으로 바꾼 테슬라는 단순히 기업의 이익이나 규모만 늘린 것이 아니라 휘발유로 움직이던 자동차 시장에 큰 변화를 불러왔습니다. 규모의 경제가 어마어마한 힘을 발휘한 겁니다.

1922년에 발행한 미국의 옛 지폐

평범한 100달러짜리 지폐로 보인다.

그런데 가운데에 있는 'GOLD COIN(골드 코인)'이라는 말이 눈길을 끈다.

지폐에 '금'이라는 말이 들어간 이유는 무엇 때문일까?

#브레턴우즈체제 #달러의힘 #금본위제도 #금태환 #달러의힘은언제시작되었나

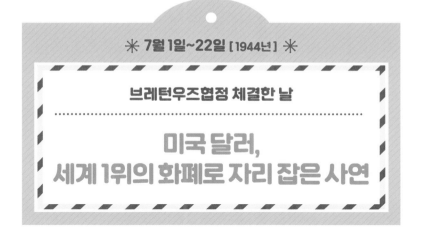

금은 황색 광택을 내는 광물입니다. 화학적으로 안정되어 다른 물질과 화학반응을 거의 일으키지 않지요. 쉽게 부식되지 않고 녹슬지 않아 변함없는 가치를 지닌 금은 오랫동안 귀한 화폐로 사랑받았습니다.

금의 한 가지 단점은 무게였습니다. 화폐로 쓰려면 가벼워야 좋은데 금은 무거워서 운반하고 유통하기에 불편함이 있었습니다. 이러한 단점을 보완하기 위해 19세기부터 영국과 미국은 특이한 방식을 사용했습니다. 금을 은행에 쌓아두고, 그 금의 가치만큼 돈을 찍어낸 거지요.

바로 앞에서 소개한 'GOLD COIN'도 지금과 같은 단순한 지폐

195

가 아니라 금으로 바꿀 수 있다는 일종의 보증서였습니다. 20달러라고 쓰인 지폐를 은행에 가져가면 금 1온스(귀금속의 무게를 재는 단위. 약 31그램)와 교환해주었습니다. 40달러짜리 지폐를 내면 금 2온스로 교환해주는 식이었지요. 아무리 정부에서 발행한다고 해도 지폐는 한낱 종잇조각에 불과합니다. 그래서 지폐를 금 등의 귀금속으로 바꿔준다는 보증이 있어야 사람들이 안심하고 지폐를 사용할 수 있었습니다.

당시 미국의 중앙은행은 창고에 금을 쌓아두고 있었습니다. 그리고 금과 실제로 교환할 수 있을 만큼만 돈을 찍어냈습니다. 돈을 쓸데없이 많이 찍어봤자 흔하디흔해져서 가치가 떨어지거나 믿고 쓰기 어려워질 수 있기 때문이었습니다. 이렇게 금을 화폐가치의 기준으로 삼는 제도를 금본위제도Gold Standard System라고 합니다. 미국뿐 아니라 영국, 프랑스, 독일 등 여러 나라가 금본위제도를 지키고 있었습니다.

금본위제도 중에서 정부기관이나 중앙은행이 갖고 있는 금의 양만큼 화폐를 찍어내고, 지폐를 은행에 가져가면 금으로 바꿔주는 제도를 태환제도라고 합니다. 이 체제에서는 '이 종이돈을 은행에 가져가면 금을 받을 수 있다'는 생각이 바탕에 깔려서 그 가치를 믿고 쓸 수 있었지요. 교환해줄 수 있는 양만큼만 화폐를 찍어냈기 때문에 돈은 일정한 가치를 지니고 유통되었고, 물가도 쉽게 오르지 않았습니다.

그러나 이 안정적인 금본위제도가 영원히 이어지지는 않았습니다. 1914년에 1차 세계대전이 일어나자 전쟁에 참여한 나라들은 전쟁 비용을 감당해야 했습니다. 전쟁이 끝난 뒤에는 폐허가 된 나라를 재건하기 위해, 또는 전쟁배상금을 치르기 위해, 갖고 있는 금의 양과 상관없이 돈을 많이 찍어냈고요. 돈을 마구 찍어낸 결과, 화폐가치가 떨어지는 인플레이션이 나타났습니다. 경제에 거품이 끼기 시작했습니다. 1차 세계대전 이후에 각 국가는 금을 기준으로 하여 적정한 양의 화폐를 발행하려 했지만 뜻대로 되지 않았습니다. 금본위제도에 집착하다가 금융정책이 제대로 운영되지 못한 면도 있었습니다.

그 뒤 금융제도가 무너지면서 1920년대 말부터 대공황이라는 심각한 경기침체가 나타났습니다. 엎친 데 덮친 격으로 2차 세계대전까지 벌어져 세계 각국의 금융제도는 더 큰 혼란에 빠졌지요.

이 혼란을 극복하기 위해 1944년 미국 뉴햄프셔주의 브레턴우즈Bretton Woods라는 도시에 미국과 유럽의 44개국 대표들이 모였습니다. 전 세계 경제에 위기가 온 만큼 새로운 금융체제를 마련해야 한다고 생각했기 때문입니다.

브레턴우즈체제를 토대로 금은 화폐가치를 따지는 중요한 기준으로 되살아났습니다. 각 나라는 자국의 돈과 금의 교환비율을 정해서 돈을 찍어낼 수 있었지요. 다만 이전에 나라마다 제각각 실시하던 금본위제도와 다른 점이 있었습니다. 바로 '미국의 달러'라는 매개체가 있다는 점이었습니다.

모든 국가가 예전처럼 정부기관이나 중앙은행에 돈을 쌓아둘 필요는 없었습니다. 미국의 중앙은행인 연방준비은행 Federal Reserve Bank 에서만 이 금을 쌓아두면 충분했습니다. 그리고 연방준비은행은 '금 1온스=35달러화'라는 기준에 따라 보유한 금의 양에 비례해 달러화를 찍어냈습니다. 이 결정이 큰 무리수는 아니었습니다. 1940년대에 미국은 세계 제1의 강대국으로 우뚝 서 있었기 때문이지요. 게다가 전 세계 금의 80% 이상을 보유하고 있었습니다. 편리한 점도 있었습니다. 다른 나라들은 굳이 은행에 금을 쌓아놓을 필요 없이 달러화만 보유하고, 이 달러를 기준으로 각각 화폐를 발행하면 됐기 때문입니다.

브레턴우즈체제 이후 미국 통화인 달러화는 세계 1위의 화폐로 확고히 자리 잡습니다. 이전에는 많은 국가가 중요한 거래나 무역을 할 때 금이나 은 같은 귀금속을 썼지만, 이제는 달러화만 있으면 되기 때문이었지요. 이미 초강대국이었던 미국은 달러를 통해 더 큰 힘을 쌓았습니다.

그렇지만 브레턴우즈체제 이후에도 금은 여전히 화폐를 찍어내는 데 중요한 기준이었습니다. 어쨌거나 미국은 보유한 금의 양을 기준으로 달러를 찍어내야 했기 때문입니다. 세계경제의 규모가 커질수록 달러를 더 많이 찍어내 전 세계에 공급해야 했는데, 그만큼의 금을 마련해 비축해두는 게 세계 최강대국이라는 미국 처지에서도 쉬운 일은 아니었습니다. 더구나 미국은 1970년대 들어 베트남전을 치르면서 전쟁 비용을 마련하기 위해 더 많은 화폐를 찍어내야 했지만 금은 충분하지 않았습니다. 미국 경제는 적자를 기록했습니다. 그런 데다 미국 달러에 의심을 품은 프랑스가 달러를 금으로 교환해달라고 주장하자, 1971년 8월 15일 당시 미국 대통령 닉슨은 금태환제도(금과의 교환을 통해 달러의 가치를 고정하는 제도)를 폐지하겠다고 기습적으로 선언했습니다. 브레턴우즈협정 때 전세계가 맺은 약속을 깬 거죠.

이제 굳이 금으로 달러의 가치를 보증해줄 필요가 없어진 미국은 금이 얼마나 있는지와 상관없이 달러를 발행했습니다. 그 뒤로 미국의 금 보유량과는 무관하게 전 세계 국가가 달러를 중심으로 움직이고 있습니다.

달러처럼 세계 어디에서나 자유롭게 사용할 수 있는 화폐를 기축통화라고 합니다. 영국의 파운드, 일본의 엔화 등도 기축통화로 보지만, 80년 넘게 가장 중요한 기축통화로 쓰이는 건 역시 미국 달러화입니다. 모든 국제 거래에 폭넓게 사용할 수 있으며, 미국 금융시장의 규모가 크고 전 세계에 두루 영향을 미치기 때문입니다. 무엇보다 미국이 세계경제에서 주도적인 힘을 행사하기 때문에 달러화도 세계 금융시장에서 막강한 위치를 차지하고 있습니다.

이따금 달러의 힘에 의문을 나타내는 나라들이 있습니다. 미국이 자신의 뜻을 거스르는 국가에 제재를 가할 때 달러를 마치 무기처럼 사용하는 경우가 많기 때문입니다. 달러 대신에 중국의 위안화 등 기축통화의 자리를 바꿔야 한다고 주장하는 이들도 있지요.

물론 달러의 지위는 여전히 굳건합니다. 국제무역 거래의 절반 이상이 달러화 결제로 이루어지고 있고, 전 세계 국가들은 달러를 보유하려 노력합니다. 나라 안에 달러가 부족하면 다른 나라와 무역을 하기도 어렵고, 금융위기가 오는 게 사실이기 때문입니다.

그렇지만 세상에는 당연한 것도, 영원한 것도 없습니다. 가끔은 의문과 의심을 품을 필요가 있지요. 달러의 막강한 힘이 과연 정당

오늘의 경제 키워드

❖ **브레턴우즈체제** 1944년 7월, 미국 뉴햄프셔주의 브레턴우즈에서 체결한 국제협정. 미국 달러만 금과 일정한 비율로 교환하며, 다른 나라들의 통화가치는 달러와의 교환비율에 따라 결정하기로 한 협정. 미국 달러화가 국제경제를 좌지우지하는 통화로 발돋움하는 데 큰 역할을 했다.

❖ **기축통화** 나라 간의 결제나 금융거래를 할 때 기본이 되는 통화. 주로 미국 달러화가 기축통화로 쓰인다. 중국의 위안화, 일본의 엔화, 유럽의 유로화 등이 주요한 기축통화가 될 것이라는 예측도 있었지만 신뢰도나 사용되는 폭에서 미국 달러화를 넘어서지 못한다.

한 것인지, 앞으로 전 세계 화폐의 쓰임이 어떤 방향으로 흘러갈지 생각해보면 좋겠습니다.

패스트패션의 선두 주자 유니클로

일본의 패스트패션 브랜드 유니클로.

외출복을 비롯해 속옷, 양말 등까지 한 매장 안에서 살 수 있어

우리나라에서도 인기를 끄는 브랜드였다.

그런데 이 유니클로 매장이 텅텅 비는 시기가 있었다.

3만 9900원짜리 옷을 9900원에 팔아도 매장을 찾는 이가 없던 그때,

무슨 일이 있었던 걸까?

#일본제품불매운동 #보이콧 #대체재 #무역마찰 #미국의커피문화 #보스턴차사건

일본 상품 불매운동이 일어난 날

유니클로 매장이 텅텅 비었던 시절

2019년. "NO JAPAN", "사지 않습니다. 가지 않습니다"라고 적힌 팻말이나 스티커가 우리나라 거리 곳곳에 나붙었습니다. 혹독한 일본 식민지 시기를 겪은 우리나라에 일본은 늘 미묘한 감정을 불러일으키는 국가이지요. 그렇지만 '일본 제품 안돼'를 외치는 특별한 일은 흔치 않았습니다. 자동차, 의류 등 일본에서 들여온 상품이 인기가 있었기 때문입니다.

그런데 2019년, 사지 않고 가지 않는다는 구호에 발맞춰 사람들은 일본 맥주나 자동차, 옷의 구매를 멈추고 일본 여행을 줄였습니다. 그 결과 2019년에는 일본행 항공권 판매량이 줄었습니다. 일본 자동차 판매량도 19% 줄었고, 인기 있던 일본 맥주가 마트와 편의점에서 자취를 감추기도 했지요.

노 재팬NO JAPAN 운동의 거센 움직임은 어떻게 시작됐을까요? 일본 정부의 결정 하나에서 비롯되었습니다. 2019년 7월 1일, 일본 정부는 갑작스레 수출 규제 이야기를 꺼냅니다. 삼성전자, SK하이닉스 등 대한민국 국내에서 반도체를 생산하는 데 꼭 필요한 불화수소라는 원자재가 있습니다. 이 불화수소를 일본에서 수입하는 경우가 많았는데, 일본이 이 원자재 수출에 대한 규제를 강화한 것이지요. 한국과 일본 간의 무역 갈등이 불거진 사건이었습니다.

일본 정부가 갑작스러운 결정을 내린 데에는 어떤 이유가 있었을까요? 수출 규제 조치에 일본은 "한국과 일본 간의 믿음이 심각하게 손상되었다"라고 해명했을 뿐 자세한 내용은 밝히지 않았습니다. 그러나 가만히 들여다보면 복잡한 사정이 얽혀 있었어요. 많은 이들이 이 수출 규제는 일본의 보복이라고 지적했습니다.

바로 전해인 2018년 10월, 한국 대법원은 일본 기업과 관련된 판결을 내렸습니다. 일제강점기에 일본 제철회사에 강제로 끌려가 중노동에 시달려야 했던 우리나라의 강제징용 피해자에게 해당 회사가 1인당 1억 원씩 배상해야 한다는 내용이었지요. 그러나 일본은 사과하고 배상할 마음이 없었습니다. 1965년에 한국과 일본 정부가 맺은 협정에 따라 이미 보상했다고 여겼기 때문입니다. 그래서 일본은 한국의 강제징용 피해자 개인이 배상을 요구할 권리가 없다고 주장해왔습니다.

한국 대법원은 일본의 반박을 인정하지 않았습니다. 1965년에 맺은 협정으로 해결되지 않았으니 일본 회사가 강제징용 피해를 입은 개인에게 배상해야 한다고 판결했습니다. 일본 정부는 한국의 이러한 판결에 불만을 품었고, 이 불만이 수출규제라는 보복으로 나타났다는 분석이 많았습니다.

식민지 시기에 한국에 입힌 피해를 제대로 사과하지 않고 되레 보복조치를 내린 일본의 태도에 한국 국민들은 분개했습니다. 인터넷 커뮤니티에서 일본 기업 블랙리스트를 만들었는데, 이 리스트에 오른 일본 기업 중에 유니클로가 포함되었습니다. 우리나라에 많은 매장을 두었던 인기 기업 유니클로는 일본 제품 보이콧 운동의 영향으로 매출이 줄고 매장이 급격히 줄어들었습니다.

일본 제품 불매운동을 하면서 사람들은 이를 대체할 상품을 찾았습니다. 대표적인 스파SPA 브랜드(기획부터 생산, 유통, 판매까지 직접 관리하는 의류 브랜드)인 유니클로에서 옷을 구매하지 않는 사람들이 늘었지요. 일본 맥주 대신에 우리나라 맥주를 찾는 사람들도 늘었습니다.

사람들은 어떤 상품을 구매하지 않으면 그것을 대신할 상품을 찾습니다. 이처럼 서로 대신 쓸 수 있는 관계에 있는 두 가지 재화를 경제학에서는 대체재라고 합니다. 우리 주변에는 대체재 관계인 재화들이 많습니다. 쌀과 밀가루, 볼펜과 연필, 콜라와 사이다, 버터와 마가린 등은 모두 대체재이지요. 보이콧과 관련된 일본산 맥주와 한국산 맥주도 대체 관계에 있는 재화입니다.

경쟁 관계인 만큼 대체재를 만드는 기업들끼리는 가격이나 인기 변화에 민감하게 대응합니다. 불매운동 때문이 아니라 해도 일본 맥주 회사에서 가격을 올리면 소비자들은 국내산 맥주를 집어 들겠죠. 그러면 한국 맥주의 수요가 늘어납니다. 이렇게 대체재 관계인 재화는 한쪽의 수요가 줄어들면 다른 한쪽의 수요가 늘어나는 특징이 있습니다.

역사 속에서도 불매운동과 대체재의 흔적을 찾을 수 있습니다. 미국의 커피 문화도 그중 하나입니다. 오랫동안 영국의 식민지였던 미국에는 영국에서 건너와 정착한 사람들도 많습니다. 그런데 식민지 본국 영국에서는 식사 후에 차를 즐겨 마시는 데 견주어 미국인들은 커피를 즐겨 마십니다. 사실 미국독립전쟁 전까지는 영국에서 건너온 사람들도 식후에 차를 마시는 문화를 즐겼습니다. 그러나 영국의 동인도회사가 전쟁으로 부족해진 나랏돈을 채우기 위해 식민지인 미국에 차를 수출하는 권한을 독점하고 세금을 매기자, 영국의 또 다른 식민지 인도에서 차를 수입하던 상인들은 수입 자격을 잃었습니다.

그러자 식민지 미국인들은 차 불매운동을 벌였습니다. 영국 정부는 불매운동을 하는 사람들을 처벌했지요. 미국인들은 이에 반발하여 1773년 12월 16일 영국에서 온 배를 습격하고 차 상자를 바다에 던져버렸습니다. 이것이 미국독립전쟁의 시작점이 된 보스턴 차사건입니다. 이 불매운동의 영향으로 미국인들은 차보다는 그 대체품인 커피를 즐겨 마시게 되었죠. 불매운동이 미국인들의 습관에 영향을 준 결과 현재 미국은 세계 최대의 커피 소비국이 되었습니다.

국가 간 무역마찰이나 정치적 충돌 외에 다양한 이유로 불매운동이 일어나고, 이 불매운동의 영향으로 사회적 변화가 나타나기도 합니다. 2022년, 우리나라의 한 제빵 기업에서 노동자가 산업재해로 사망했는데 그 기업에서 제대로 조치하지 않자 불매운동이 일어난 것도 그 예입니다.

일본 제품 불매운동은 '선택적 불매운동'이냐는 비판도 있었지만 한국인들의 소비 습관에 영향을 끼쳤습니다. 소비도 사회적 운동이 될 수 있다는 것은 흥미로운 사실입니다. 소비라는 행위가 기업이나 이웃 국가의 부당한 행위에 항의하는 방법이 될 수 있으며 사회적으로 영향력을 끼치는 사회운동이 될 수 있다는 점을 알려줍니다.

오늘의 경제 키워드

❖ 대체재 쓸모나 만족도가 비슷해 서로 대체해서 쓸 수 있는 재화. 사이다-콜라, 버터-마가린, 밥-빵 등이 있다. 대체재 관계에 있는 한 상품의 가격이 오르면 상대적으로 저렴한 다른 상품의 수요가 늘어난다. 사이다 가격이 오르면 콜라의 수요가 늘어나는 것이 그 예다.

❖ 보이콧(불매운동) 어떤 국가나 제조업체의 부당한 행동에 항의하기 위해 거래를 끊거나 특정한 상품을 사지 않는 등의 소비자운동.

담요가 놓인 직사각형 박스

장례식에 쓰는 관처럼 보이지만 관이 아니다.

산업혁명 시기에 노동자들이 잠을 청하던 숙박 시설로, 영국의 구세군이 운영했다고 한다.

당시 4~5페니(지금 가치로 약 1000원) 정도면 노동자들이 하룻밤을 보낼 수 있었다.

이 숙소가 다른 숙소들보다 그나마 쾌적해서 인기가 많았다고 하니,

당시 노동자들의 삶은 과연 어떠했을까?

#4페니숙소 #산업혁명이후노동자의열악한삶 #단결금지법
#러다이트운동 #노동3권 #노동조합

7월 12일 [1799년]

러다이트운동이 촉발한 계기가 된 날

기계가 일자리를 빼앗을까?

담요만 놓인 작은 숙소에 몸을 눕혀도 마음이 놓였을 삶. 새벽 3시부터 밤 10시까지 19시간을 공장에서 일했지만 식사 시간과 휴식 시간은 60분에 불과했습니다. 일하는 속도가 느리면 게으르다고 채찍질을 당했습니다. 방적기에 너무 오랫동안 매여 일한 나머지 등이나 발목이 휘기도 합니다. 1830년 영국 의회가 작성한 아동노동 실태 조사보고서에 적혀 있는 어느 노동자의 삶이었습니다.

이 비참한 삶은 산업혁명이라는 역사적 사건과 관련이 깊습니다. 산업혁명으로 농촌에서 도시로 올라와 먹고살기 위해 당장 일자리를 구해야 했던 노동자들은 절대 약자였습니다. 자신의 권리를 주장하는 것은 가당치도 않은 일이었지요.

저임금과 배고픔에 시달리던 절대 약자들은 서로 힘을 모아 투쟁해야 한다는 생각에 이르렀습니다. 초기에는 굶주림이 가장 큰 원인이었지요. 공장주에게 단체로 항의하거나 파업하는 식으로 반란을 일으켰습니다. "생산활동을 하지 않음으로써 공장주의 이윤 모으기를 멈추는 것이 최선이다"라는 것을 알아차렸기 때문입니다. 섬유 부문에서 일하던 노동자들은 공장 기계를 멈추는 방식으로 투쟁했습니다. 1760년대부터 광부들은 석탄 더미를 불태우거나 갱도를 부수었습니다.

노동자들이 힘을 모아 투쟁하자 위협을 느낀 자본가계급은 국가의 법을 만드는 영국 의회에 노동자의 단체행동을 막아달라고 청원했습니다. 이러한 과정을 거쳐 1799년 7월 12일에 영국에서는 단결금지법이 제정되었습니다. 단결금지법은 노동자들이 단결해서 조직을 갖추지 못하게 하는 법이었습니다.

보통 '자유와 평등'의 가치를 내걸었다고 알려진 프랑스 시민혁명 이후에도 일정한 직업에 종사하는 이들이 공동의 이익을 위해 단결하는 걸 금지하는 '르 샤플리에법'이 있었습니다. 프랑스와 영국은 일찍이 시민혁명을 통해 인권과 자유를 얻고자 애쓴 나라라고 할 수 있습니다. 그러나 산업혁명 초기 단계에서 인권은 자본가를 위한 단어였지 노동자를 위한 권리는 아니었습니다. 단결금지법 때문에 단체행동조차 힘들어지고 노동환경은 여전히 열악하다 보니 노동자들은 점점 불만이 커졌습니다.

결국 참지 못한 노동자계급은 본격적인 투쟁에 들어갔습니다. 법적으로 조직을 만드는 것마저 불가능한 조건에서 이들은 단체행동을 선택했습니다. 섬유를 만드는 소규모 공업에 종사하는 노동자들이 밤에 공장으로 몰려가 기계를 부수기 시작했습니다. 이들은 본래 가내수공업에서 일하던 숙련된 노동자들이었는데, 기계가 도입되면서 일자리를 잃었습니다. 새로운 공장에 취업해도 노동환경이 나빠지고 임금이 턱없이 낮아졌기 때문에, 공장주에 대항하기 위해 기계를 부수는 방법을 생각한 것입니다.

조직적이고 체계적이지는 않았지만 공장 건물과 상품 창고를 파괴하고 불태우거나 원료를 불태우는 행위가 이어졌습니다. 이 단체행동의 흐름을 러다이트운동이라고 일컫습니다. 이 운동은 1760년대부터 1830년대

—
러다이트운동의 지도자 네드 러드(상상화)

까지 계속되었습니다. '러다이트'라는 말은 양말 짜는 기계를 처음으로 파괴했다는 전설적인 노동자 네드 러드Ned Ludd의 이름에서 비롯되었어요.

어떤 역사가들은 러다이트운동을 굶주림에 지친 노동자들의 단순한 투쟁이라고 평가합니다. 새로 등장한 기계에 원망을 터뜨린 폭동이라는 점에서 주목받기도 하지요. 다른 한편 러다이트운동은 노동자들이 자본가에게 적극적으로 대항한 최초의 노동운동이라고 평가받습니다. 당시 단결금지법 때문에 힘을 모으기 어려운 조건에서 이루어진 노동자의 조직적 운동이라는 뜻이지요.

끊임없는 노동투쟁이 영향력을 발휘한 결과, 영국의 단결금지법은 제정된 지 20여 년 만인 1925년에 폐지됩니다. 이로써 노동자들은 노동조합을 만들 자유를 누리게 되었습니다. 자본주의 이전에도 품앗이라든가 길드, 계처럼 다양한 종류의 노동자 모임이 있었지만, 자본주의 이후에는 노동조합이 노동자들을 보호하는 조직으로 노동조건의 개선을 위해 존재합니다. 그리고 많은 자본주의국가에서는 노동자의 권리로 노동조합을 만들 권리, 노동조합이 고용주와 단체로 협상할 권리인 단체교섭권, 노동자의 권리와 이익을 지키기 위해 집단행동을 할 수 있는 단체행동권을 보장하지요. 우리나라에서도 헌법 33조에 따라 이 세 가지 권리, 즉 노동3권을 보장합니다.

4페니에 잠을 잘 수 있는 18세기 영국의 구세군 숙소 사진을 보며 깨닫게 됩니다. 노동자들의 비참한 삶이 개선된 것은 하루 이틀 만에 이루어진 극적인 변화가 아니라, 러다이트운동에서 시작되어 오랜 기간에 걸친 노동자들의 투쟁을 바탕으로 이루어졌다는 사실이지요.

오늘의 경제 키워드

❖ **노동3권** 헌법에서 보장하는 노동자의 세 가지 권리, 즉 단결권(노동조합을 조직할 수 있는 권리)·단체교섭권(노동조건을 놓고 단체로 사용자와 협상할 수 있는 권리)·단체행동권(노동조건을 개선하기 위해 집단행동을 할 수 있는 권리)을 말한다.

❖ **노동조합** 노동조건 개선과 노동자의 정치적·경제적 지위 향상을 목적으로 노동자가 조직하는 단체. 자본주의사회에서 노동자는 자본가보다 힘이 약할 수밖에 없기 때문에 단체를 조직하여 싸울 수 있다.

1969년 7월 20일

전 세계 10억 명이 TV로 생중계되는 같은 장면을 지켜보았다.
미국인 우주비행사 닐 암스트롱이 인류 최초로 달에 발을 내딛는 모습이었다.
미국이 만든 우주선 아폴로 11호는 7월 16일 미국 케네디 우주센터를 출발해 4일 동안
쉬지 않고 날아갔다. 세 우주비행사 중 닐 암스트롱과 버즈 올드린이 달에 내려섰다.
선장 닐 암스트롱은 달 표면에 있는 '고요의 바다'에 첫발을 내딛으며 이렇게 말했다.
"이것은 한 명의 인간에게는 작은 발걸음이지만, 인류 전체에게는 큰 도약입니다."

미국의 우주선이 이 거대한 계획에 성공한 비결은 무엇일까? 미국의 우주과학기술과
경제력을 들 수 있겠지만, 알고 보면 세계 강대국 사이의 라이벌 관계 때문이기도 했다.
우주과학 분야에서 미국과 소련이 보이지 않는 전쟁을 벌이고 있었던 것이다.

#닐암스트롱 #냉전체제 #미국과소련의라이벌관계 #자본주의 #사회주의

인류가 최초로 달에 착륙한 날

달에 미국인이 세계 최초로 착륙하게 된 이유

　　1969년에 인류가 최초로 달에 착륙하기 12년 전, 세계를 뒤흔드는 소식이 들려왔습니다. 1957년에 사회주의국가 소련이 세계 최초로 스푸트니크 1호 인공위성을 발사했다는 소식이었습니다. 소련의 눈부신 과학기술 발달에 전 세계가 충격을 받아 '스푸트니크 쇼크'라고 일컫기도 했지요. 특히 소련의 라이벌이었던 미국에 매우 큰 충격을 주었습니다. 그 충격이 얼마나 컸는지, 미국은 스푸트니크 쇼크 이후 정부가 적극 추진해 우주탐사를 위한 기관인 미국항공우주국NASA을 창설했습니다.

　　그 뒤로 미국과 소련 두 나라는 강아지, 원숭이, 새 등 다양한 생명체를 우주선에 태워 보내며 과학기술 경쟁을 이어갔습니다. 동

215

물에 이어 사람이 탄 소련 우주선이 지구 궤도를 도는 데까지 성공하자, 이제 두 나라는 인류를 달에 최초로 보내는 데로 눈길을 돌렸지요. 1969년, 미국의 아폴로 11호가 드디어 달에 착륙하고 닐 암스트롱이 달 표면을 밟으면서 미국이 승자가 되었습니다.

두 나라는 왜 우주를 놓고 쉼 없이 경쟁했을까요? 당시 미국과 소련은 세계 초강대국의 일인자를 가리는 소리 없는 전쟁을 벌이고 있었습니다. 서로에게 총구를 직접 들이대지는 않았지만 양 진영으로 갈라져 경제, 외교, 군사, 행정 등 여러 분야에서 보이지 않는 경쟁을 계속했지요. 이처럼 미국과 소련이 무력을 사용하지 않고 대립하던 체제를 냉전체제라고 합니다. 앞서 이야기한 우주 경쟁도 이러한 경쟁의 한 축을 담당했습니다. 두 나라는 저마다 자기 나라의 과학기술이 뛰어나다고 전 세계에 보여주려 했고, 이를 위해 인공위성·우주왕복선 등의 개발을 서둘렀습니다.

미국과 소련이 몇십 년에 걸쳐 보이지 않는 전쟁을 치른 이유는 무얼까요? 두 나라는 여러모로 차이점이 있었지만 무엇보다 경제체제가 서로 달랐던 것이 주요한 원인이었습니다. 미국은 자본주의 경제체제를 따르는 나라의 대표 주자로, 소련은 사회주의 경제체제를 지키는 대표 주자로 뛰고 있었거든요.

자본주의와 사회주의라는 말은 종종 듣지만 정작 그 의미를 정확히 모르는 경우가 많으니, 한번 간단히 알아보겠습니다.

자본주의는 회사나 공장 등 생산수단을 소유한 자본가가 노동자를 고용해 상품을 만들고, 이 상품을 시장에 판매해 돈을 벌어들이는 경제체제입니다. 공장이나 토지 같은 생산수단을 소유하는 자본가는 그만큼 큰 힘이 있습니다. 우리가 빌 게이츠나 일론 머스크 같은 인물들을 잘 아는 이유는 그들이 자본주의사회에서 막강한 힘을 지닌 자본가이기 때문이지요.

　반면 사회주의체제에서는 생산수단을 개인이 소유할 수 없습니다. 애초에 사회주의는 자본주의의 불평등이 너무 심각하다는 문제의식에서 비롯된 경제체제이기 때문에 '평등한 세상'을 강조합니다. 그래서 개인이 토지나 공장을 소유해 막강한 힘을 행사하는 것을 막고, 노동자를 대표하는 당이 생산수단을 사회화하여 주도적으로 이끌어가지요.

　기본적으로 추구하는 나라의 모습이 다르니 경제에 문제가 생겼을 때 이를 해결하는 방식도 다릅니다. 자본주의사회에서는 각 자본가가 생산수단을 소유하므로, 생산을 어떻게 얼마나 할지 각 기업에서 결정합니다. 예를 들면 나이키에서는 신발을 얼마나 생산할지를 나이키 경영진이 시장 상황을 살펴 결정하고, 삼성전자에서는 휴대폰을 어떤 방법으로 생산해 얼마에 팔지를 삼성전자 경영진이 모여서 결정합니다. 그리고 시장에서 소비자들의 반응을 살피며 이 결정을 바꾸거나 조정합니다. 시장에서 많은 것이 결정되기 때문에 시장경제체제를 따른다는 뜻입니다.

이에 견주어 사회주의에서는 생산수단이 국가 소유이기 때문에 중요한 계획을 정부가 결정합니다. 운동화를 몇 켤레 생산할지, 휴대폰을 어떻게 만들어 나누어줄지 결정하는 일은 정부의 몫이지요. 생산수단이 국가 소유이다 보니 자본주의체제처럼 소수에 불과한 부자들이 많은 몫을 가져가는 폐해를 막을 수 있지만, 내가 더 열심히 일한다고 더 많이 가져갈 수 없으니 사람들 일할 의욕이 떨어진다는 단점이 있습니다.

생산수단의 소유 주체와 목표점이 다른 두 체제가 공존하기는 어려웠습니다. 이 때문에 2차 세계대전 이후 수십 년간 미국과 소련은 '편 가르기'를 계속했습니다. 미국은 영국·프랑스 등 자본주의를 따르는 서유럽 국가와 동맹을 맺습니다. 소련은 중국·북한 등 사회주의를 이끄는 대표 주자였고요. 마치 구성원들이 두 패로 나뉘어 맞서는 것처럼 미국과 소련은 자본주의와 사회주의의 대표로 대립을 거듭했습니다. 특히 우주과학 경쟁은 소리 없는 전쟁과 같았지요. 1969년 닐 암스트롱의 달 착륙은 인류 최초의 새로운 발자국이기도 했지만, 한편으로는 냉전체제 안에서 미국의 과학기술력을 과시한 사건이기도 했습니다.

냉전체제는 이미 지나갔고 소련도 역사 속으로 사라졌습니다. 그러나 2022년, 소련이 해체되고 남은 러시아가 우크라이나전쟁을 일으키고 미국·서유럽과 대립하면서 '신냉전체제'가 돌아오리라는 예측도 있었습니다. 전 세계의 정치경제적 힘이 어떤 방향으로 흘러갈지 많은 이들이 궁금해하고 있습니다.

오늘의 경제 키워드

❖ **냉전체제** 2차 세계대전이 끝난 뒤 미국과 소련 그리고 두 나라의 동맹국 사이에 조성된 대결 상태. 전 세계가 사상적으로 자본주의와 사회주의로 나뉘어 정치, 경제, 문화, 사회 여러 면에서 보이지 않는 전쟁을 계속했다.

❖ **자본주의와 사회주의의 차이점** 자본주의체제에서는 생산수단을 개인이 소유하고, 사회주의체제에서는 생산수단을 국가가 소유한다. 경제 문제를 해결할 때도 자본주의에서는 개인과 기업이 자유로운 의사결정을 하는 반면, 사회주의에서는 당의 계획 아래 생산과 분배 등을 결정한다.

유럽 왕실이 사랑한 시계?

2006년, 시계 브랜드를 선보이는 행사장을 연예인들이 줄지어 방문했다.

100년 전통의 스위스 명품 시계로 알려진 이 브랜드의 제품들은 연예인 모델과

백화점 판매를 통해 상품을 홍보하며 '고급' 효과를 누렸다.

그런데 몇 달이 지나 예상치 못한 소식이 들렸다.

이 브랜드가 사실은 명품이기는커녕 애초에 스위스에는 존재하지도 않는

가짜 기업이었던 것이다. 브랜드 대표는 원가 10만 원 정도의 저렴한 제품을

있지도 않은 명품 브랜드 제품이라고 속여 100배가 넘는 가격에 팔았다.

저렴한 제품을 명품인 양 속여 팔 수 있었던 이유가 뭘까?

#빈센트앤코사건 #가짜손목시계 #스노브효과 #백로효과

스노브효과를 악용한 사건이 일어난 날

유럽 왕실 명품 시계의 비밀

　　빈센트 앤 코. 그럴싸한 이름의 이 시계 브랜드는 우리나라 스타 연예인들의 사랑을 듬뿍 받았습니다. 유럽 왕실이 사랑한 제품이라는 이야기에 판매도 늘어났지요. 그러나 실제로 이 제품은 한국과 중국제 부품으로 만든 저가 상품이었습니다. 이것을 원가의 100배도 넘는 가격에 팔았는데도 2006년 무렵에는 선풍적인 인기를 끌었습니다. 그러다가 2008년 8월에 이 회사 대표가 구속되면서 사기극은 막을 내렸습니다.

　저가 손목시계가 비싼 값에 팔린 이유가 무엇이었을까요? 가짜라는 사실이 밝혀지기 직전까지 '아무나 못 사는 고급'이라는 전략이 통했기 때문입니다. 해당 기업은 '영국 여왕이나 귀족 등 세계

인구의 단 1%만 착용할 수 있는 시계'라는 그럴듯한 허위 광고를 내걸어 일부 연예인과 부유층에게 인기를 끌었지요.

이 전략은 가짜 시계회사뿐 아니라 실제 명품 브랜드에서도 자주 쓰는 판매 방식입니다. 명품 브랜드는 '아무나 접근하지 못하는 상품'이라는 이미지로 부유층의 판매를 유도합니다. 명품 브랜드 매장을 한 번에 소수만 입장할 수 있게 하는 것도 이러한 전략의 일종입니다. 백화점의 경우 VVIP_{Very Very Important Person}라고 해서 백화점에서 많은 돈을 쓴 고객 중에서도 아주 많은 돈을 쓴 이들을 초우량 고객으로 삼아 다른 일반 고객과 구분합니다. 백화점은 휴무일

—
백화점의 명품 매장

에 VVIP를 위한 퍼스널 쇼핑 데이를 열어 이들만을 위한 쇼핑 시간을 따로 마련해주기도 합니다.

명품이라 불리는 브랜드 제품을 사고 VVIP 서비스를 받는 이들은 '나는 남들과 격이 다르다'는 데서 오는 일종의 우월감과 자신감을 얻습니다. 돈 많은 상류층은 이런 기분을 느끼기 위해 다른 계층이 살 수 있는 흔한 물건을 사지 않고 희귀하고 값비싼 상품을 사는 경우가 많습니다. 소비를 통해 자신들의 특별함과 차별성을 드러내려 하는 것입니다.

이처럼 나는 남들과 다르다는 생각에서, 다른 사람들이 많이 소비하는 어떤 상품의 소비를 중단하거나 줄이는 행태를 '스노브효과'라고 합니다. '스노브snob'는 본래 '고상한 체하는(상류층을 동경하는) 사람', '속물', '잘난 체하는(우월의식에 빠진) 사람'이라는 뜻입니다. 나는 다른 사람들과 격이 다르다고 생각하며 이를 과시하고자 하는 속물 행태에 이런 이름을 붙인 것이지요. 우리말로는 '백로효과'라고 합니다. "까마귀 노는 곳에 백로야 가지 마라"라는 속담에서 나온 표현입니다.

산업자본주의에 다다른 뒤로 기업은 물건을 대량생산 하여 많이 팔면서 더 많은 이윤을 얻는 데 집중하는 경우가 많습니다. 그런데 이 전략을 멀리하고 스노브효과를 이용해 한정된 소비자만 대상으로 하는 기업이 꽤 많습니다. 왜 그럴까요? '고가', '명품'이라는 식으로 차별화 전략을 쓰면 물건값이 엄청나게 비싸도 부자들이 지갑을 열기 때문입니다.

스노브효과와 많이 혼동하는 개념으로 베블런효과라는 것이 있습니다. 베블런효과는 상품 가격이 오르는데도 과시욕 때문에 오히려 수요가 늘어나는 현상을 말합니다. 얼핏 스노브효과와 비슷해 보이지만 차이가 있습니다. 스노브효과는 대중과 달라지고 싶은 심리 때문에 다른 사람들이 사는 물건의 소비를 줄이는 것을 가리키고, 베블런효과는 가격의 영향을 받아 비싸 보이는 물건을 더 사려는 현상을 말합니다.

물론 고급 물건이 아니더라도 남들이 쓰지 않는 물건을 구입해 개성을 추구하는 소비자도 있습니다. '얼리 어댑터'라고 해서 남들보다 한발 앞서 신상품을 구입해 사용하며 만족감을 얻는 이들도 있습니다. 각종 브랜드의 '리미티드 에디션', 즉 기업들이 이른바 한정판으로 내놓는 제품들을 좋아하는 사람도 있습니다.

오늘의 경제 키워드

❖ **스노브효과** 매우 드문 명품이나 예술품 등 차별성을 꾀할 수 있는 재화를 소비하여 과시하려는 구매 심리에서 나오는 효과. 특정 상품을 소비하는 사람이 많아지면 그 상품의 수요가 오히려 줄어드는 현상을 가리킨다.

유럽 왕실이 사랑했다는 손목시계는 가짜로 밝혀져 시장에서 사라졌습니다. 그러나 빈센트 앤 코 사건은 우리 사회의 속물근성을 돌아보게 하는 일화로 기억되고 있습니다.

은행 통장의 앞면

더 나은 내일을 위한 동행 █▒▒은행
신한은행을 이용해 주셔서 대단히 감사합니다.

홍 길 동 님

• 상품명	사이버증권거래저축예금		
• 계좌번호	000-00-000000	• 신규일	2011.08.10
• 계좌관리점	테헤란로	• 통장사본출력	2020.08.07 인터넷뱅킹 출력

– 본 사본은 본인계좌번호 확인용이며 어떠한 용도의 증명서로도 사용하실 수 없습니다.
– 실제 통장발급을 원하시면 가까운 영업점에 문의하시기 바랍니다.

█▒▒은행
SWIFT CODE : SHBKKRSE

내 이름이 적혀 있다.

그런데 만약 통장에 내 별명이나 가명을 적을 수 있다면?

지금은 상상조차 못 할 일이지만 한때는 가능했다.

많은 사람들이 가명 또는 차명으로 은행 계좌를 만들던 시절이 있었다.

이런 형태가 단 한 번의 긴급명령으로 싹 중단됐다.

#금융실명제 #긴급명령 #지하경제 #검은돈 #김영삼대통령

금융실명제를 시행한 날

통장을 빌려주면 왜 안 될까?

1993년 8월 12일 저녁, 예정에도 없던 대통령의 긴급 담화가 발표됐습니다. TV 화면에 비친 김영삼 대통령은 놀라운 내용을 발표했지요.

"친애하는 국민 여러분, 이 시간 이후 모든 금융거래는 실명으로만 이루어집니다. 금융실명제를 실시하지 않고는 이 땅의 부정부패를 뿌리 뽑을 수 없습니다."

이 담화는 나라 전체를 술렁이게 할 만큼 충격적이었습니다. 충격의 강도를 예상했는지, 발표 직전까지 이 정책의 실시는 첩보 작전을 방불케 할 정도로 비밀리에 진행되었습니다. 어째서 이 발표가 그렇게 놀라운 것이었을까요?

시간을 거슬러 올라가 우리나라가 경제개발에 들어간 1961년, 정부는 '예금, 적금 등의 비밀보장에 대한 법률'을 만들었습니다. 이 법률에 따르면 가짜 이름이나 별명으로 금융거래를 해도 문제가 되지 않았습니다. 당시에는 경제개발에 필요한 자금을 마련하기 위해 예금이나 적금을 장려해야 했기 때문이지요.

그 결과 정당하지 못한 방법으로 뇌물을 받거나 공금을 횡령한 이들, 범죄 행위와 관련된 이들이 가명계좌를 만들었습니다. 실명이 아닌 통장에 검은돈을 넣어두니 추적이 어려워 세금도 피할 수 있었습니다. 정부가 모르게끔 부정한 돈을 모으는 사람이 늘어나면서 1982년에는 희대의 사기 사건까지 벌어졌습니다. 30대 재력가로 알려진 장영자라는 여성이 기업들에 현금을 조금 빌려주고 그 몇 배에 달하는 어음을 받아내며 엄청난 사기극을 펼친 것입니

금융실명제 실시를 보도한
당시의 신문 기사

다. 당시 대통령 전두환의 친인척이자 중앙정보부장이라는 권력자 남편을 둔 이 여성은 기업들에서 무려 1117억 원을 빌리며 사기를 친 바람에 여러 기업이 줄줄이 부도를 냈지요. 실명이 아닌 계좌에 돈을 모아둘 수 있어서 가능한 일이었습니다.

"단군 이래 최대의 사기극"이라 불린 이 사건 이후 금융거래를 실명으로 해야 한다는 여론이 일었습니다. 1988년에는 금융실명제 실시단을 구성해 1년 동안 준비한 적도 있지만 대부분 우야무야되었습니다. 금융실명제를 실시하면 대기업이나 정치인들도 뇌물로 받은 돈, 횡령한 돈을 들키게 되니 그만큼 큰 반대에 부딪힐 만한 일이었지요.

이런 문제가 쌓이자 1993년 대한민국의 14대 대통령이 된 김영삼 대통령은 금융실명제를 실시하기로 결정합니다. 그러나 이 정책을 실시한다는 사실이 미리 알려질 경우, 가명 또는 차명 계좌에 모인 검은돈을 사람들이 빼돌릴 가능성이 컸습니다. 금융회사에서 한꺼번에 돈이 빠져나가면 나라 경제에 혼란을 줄 수 있습니다. 정치인들과 재벌들의 반대에 부딪힐 가능성도 높았고요. 그래서 김영삼 대통령은 당시 경제 부총리와 재무부 장관을 불러 보안을 철저히 하라고 당부했습니다. 부총리와 장관, 관련 공무원들은 비밀리에 모여 정책 실시를 준비했습니다.

그리고 1993년 8월 12일 오후 8시. 예금 인출을 막기 위해 은행

업무가 모두 끝난 저녁시간에 김영삼 대통령은 금융실명제를 실시한다고 발표했습니다. 실명이 확인되지 않으면 예금한 돈을 찾을 수 없게 하고, 인출하는 돈이 3천만 원 이상일 경우 국세청에 알려 자금 출처를 조사할 수 있게 했습니다. 이 모든 조치가 법률 개정이 아니라 '긴급명령'을 통해 발표되었습니다.

국민들은 이전과 달리 은행에서 신분증 등으로 본인임을 확인해야 계좌를 유지할 수 있었습니다. 처음에는 혼란이 일었지만 적극적인 홍보와 강력한 정책 실시로 모든 예금 계좌의 명의가 실명으로 바뀌었습니다.

금융실명제 실시는 긍정적인 효과를 가져왔습니다. 차명계좌를 만들어 소득과 재산을 숨기기가 어려워졌습니다. 범죄에 관련된 돈이나 불법 정치자금 같은 검은돈이 유통되는 것도 막을 수 있었지요. 기업이 비자금을 마련해 이득을 얻기 어려워지면서 불법으로 이득을 얻기보다 정정당당하게 기술개발에 힘쓰는 기업 문화도 만들어졌습니다.

그러나 가짜 이름을 사용할 수는 없어도 여전히 다른 사람 이름을 빌려 통장을 만들 수 있었기에, 이를 이용한 범죄가 여전히 가능했습니다. 2008년에 어느 대기업 회장이 세금을 피하기 위해 다른 사람 이름을 빌려서 만든 통장만 1500여 개가 된다는 사실이 밝혀져 충격을 주기도 했지요.

또한 금융실명제가 제대로 이루어지려면 계좌를 실명으로 거래하는 것뿐 아니라 이자나 배당소득 등에 세금을 매기는 금융소득 종합과세, 주식으로 얻은 이익에 세금을 매기는 주식매매차익과세라는 조건도 갖춰져야 합니다. 그러나 1997년에 우리나라가 경제 위기를 맞으면서 금융소득종합과세 실시가 연기되었고, 이름을 밝히지 않고 채권을 사서 돈의 출처를 밝히지 않고도 투자할 수 있게 되었습니다. 금융실명제를 실시하는 데 문제가 생긴 겁니다. 그러나 2001년부터 다시 금융소득종합과세를 실시하여 금융실명제가 제대로 역할을 하게 되었습니다.

1993년의 금융실명제 실시는 우리나라의 지하경제를 볕 위로 많이 끌어 올렸다는 평가를 받습니다. 돈의 출처나 흐름을 알 수 없는 경제활동을 줄여 정부가 파악할 수 있게 되었다는 뜻입니다.

오늘의 경제 키워드

✦ 금융실명제 은행예금이나 증권투자 따위의 금융거래를 할 때 실제 명의로 해야 하며, 가명이나 무기명 거래는 인정하지 않는 제도. 금융거래를 정상화하고 합리적인 과세 기반을 마련하기 위한 제도다. 우리나라에서는 1993년 8월 12일부터 실시했다.

✦ 지하경제 정부의 세금을 피하기 위해 보이지 않는 곳에서 이루어지는 경제활동. 도박, 마약 매매 같은 불법 경제행위, 기업이 다른 이들의 이름을 빌려 금융기관에 검은돈을 넣는 등 정부기관에서 포착하지 못하는 경제행위 등이 있다.

평범한 집에 딸린 아담한 차고

미국 캘리포니아주 멘로파크라는 지역에 있는 아담한 차고다.
겉으로는 평범해 보이는 이곳은 특별한 비밀을 품고 있다. 1998년 9월 7일,
스탠퍼드대 대학원에서 컴퓨터공학을 공부하던 30대의 청년 래리 페이지와
세르게이 브린은 바로 이곳에서 새로운 검색 페이지를 만들었다.
그들이 지은 이름은 '구골'. 10의 100제곱인 수를 뜻한다.
엄청난 양의 데이터를 처리하는 검색 기술을 가리키는 데 적합한 단어라고 생각해서
붙인 이름이었다. 그런데 도메인을 등록할 때 'google.com'이라고
잘못 입력하는 바람에 이것이 새로 시작하는 회사 이름이 되었다.
세계적인 검색엔진 구글은 이토록 아담한 장소에서 소박하게 시작했다.

#구글 #플랫폼기업 #데이터는새로운부의원천 #개인정보보호

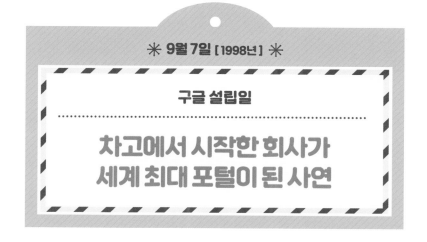

구글 설립일

차고에서 시작한 회사가 세계 최대 포털이 된 사연

　　일상생활에서 궁금증이나 호기심이 솟아오를 때 100여 년 전 사람들은 신문이나 책, 잡지를 들춰보았습니다. 21세기를 사는 우리는 그럴 필요가 없습니다. 스마트폰을 꺼내 포털 사이트에서 검색해보면 되니까요.

　수많은 포털 검색 사이트 중에서 가장 사랑받는 사이트가 구글입니다. 전 세계 검색엔진 중 구글의 점유율은 92%나 되지요.《옥스퍼드 영어 사전》에 '구글을 이용해 검색하는 행위'를 뜻하는 "Google it"이라는 단어가 정식으로 등록되어 있을 정도로 구글은 현재 세계 최고의 검색엔진입니다. 구글이 탄생할 무렵 이미 유명한 검색엔진으로 야후와 라이코스가 있었지만, 이 모든 기업을 제치고 1위를 차지했습니다.

이쯤 되면 구글의 성공 스토리가 궁금해집니다. 불과 15년 전 작은 차고에서 시작한 구글이 어떻게 세계적인 기업으로 우뚝 서게 되었을까요?

구글이 최고 검색엔진 자리에 오른 가장 주요한 원인은 정보를 검색하는 새로운 방법에 있습니다. 이전까지 인터넷에 있는 정보를 검색하려면 사용자들은 검색엔진에 순서 없이 나열된 사이트를 일일이 방문해 확인해야 했습니다. 예컨대 '세상에서 가장 맛있는 파스타 조리법'을 검색하고 싶으면, 검색엔진에 뒤죽박죽으로 나열된 이 사이트 저 사이트를 모두 살펴보고 가장 맛있는 파스타 조리법을 찾아야 했습니다.

구글 창업자인 페이지와 브린은 이런 검색 방식을 바꾸었습니다. 검색엔진에 나온 웹사이트에 나름의 순위를 매긴 것이지요. 즉 다른 사이트와 가장 많은 링크가 연결된 곳을 정확한 정보가 담긴 곳으로 보고 순위를 매겨 맨 위에 노출시켰습니다. 사용자는 구글에 들어가 '세상에서 가장 맛있는 파스타 조리법'을 입력하고 맨 위에 있는 사이트에 들어가 해당 내용을 확인해볼 수 있습니다.

구글은 이런 차별화 방법을 바탕으로 창업한 지 얼마 안 되어 크게 성장했습니다. 2004년에는 미국의 주요 기업이 상장된 증권시장인 나스닥에 이름을 올렸고, 2005년에는 안드로이드를 인수합니다. 2006년에는 동영상 플랫폼 유튜브까지 사들이며 덩치를 키웠지요. 구글은 이제 단순한 검색엔진이 아니라 메일과 세계 곳곳의 길 찾기, 동영상 스트리밍 서비스, 클라우드 사업을 동시에 펼치는 거대한 기업이 됐습니다.

생각해보면 신기한 일입니다. 구글은 눈에 보이는 애플이나 삼성전자처럼 스마트폰을 만들어내는 것도 아니고, 테슬라처럼 공장에서 자동차를 만들어내지도 않습니다. 구글이 움직이는 곳은 대부분 인터넷 세상이지요.

요즘에는 인터넷 세상에서 움직이며 돈을 버는 기업이 많습니다. 네이버와 다음, 트위터나 페이스북 같은 SNS 회사도 마찬가지지요. 아마존이나 당근마켓은 물건을 소유하는 것이 아니라 사람들이 상품을 사고파는 것을 중계할 뿐입니다. 이처럼 인터넷상에

구글 모바일 검색창

서 생산자와 소비자를 연결해 서로 만나게 해주면서 돈을 버는 기업을 플랫폼 기업이라고 합니다. 사람들이 기차를 타려고 기다리는 공간인 플랫폼처럼, 인터넷 세상에서 사람들을 만나게 해주기 때문에 이런 이름이 붙었습니다.

소비자에게 상품을 팔아 돈을 버는 것도 아닌데, 구글은 어떻게 수익을 얻을까요? 구글이나 유튜브의 첫 화면을 떠올려보면 쉽게 짐작할 수 있습니다. 클릭하지 않았는데도 평소에 내가 관심을 둔 뉴스나 동영상이 메인 화면에 떠 있는 걸 보고 놀란 적이 있을 겁니다. 기사뿐 아니라 나에게 필요한 맞춤형 광고가 보이기도 합니다. 이처럼 플랫폼 기업은 사람들이 검색할 때 광고를 띄워주고 기업에서 광고비를 받아 수익을 내는 경우가 많습니다.

검색의 힘은 엄청납니다. 요즘에는 "유튜브나 구글이 나보다 나를 더 잘 안다"는 말이 나올 정도로 내 정보를 속속들이 알고 있지요. 도대체 누가 구글에 내 정보를 제공했을까요? 범인은 바로

—
세계 최대의 비디오 플랫폼
유튜브의 로고

'나'입니다.

　구글이나 유튜브는 예전에 내가 접속해서 검색한 내용을 바탕으로 알고리듬을 만듭니다. 그리고 내가 다시 사이트에 접속하면 나에게 맞춤형인 정보를 제공하는 것이지요. 인스타그램 같은 사이트에서는 사용자가 '좋아요'를 눌렀던 피드를 중심으로 새로운 게시물과 광고비를 낸 피드를 보여줍니다. 내비게이션 앱도 마찬가지로 운전자들이 위치 정보나 이동 경로, 출발지와 도착지를 입력한 기록을 바탕으로 가장 적합한 길을 안내합니다. 대부분의 플랫폼 기업은 이처럼 우리가 제공한 '데이터'를 바탕으로 다음 게시물을 보여주고 맞춤형 광고를 제공합니다. 이 광고 비용이 구글을 비롯한 플랫폼 기업의 수익을 내는 주요 수단이지요.

　옛날에는 토지나 공장, 기계 같은 생산수단을 가져야 부자가 되었습니다. 그러나 4차 산업혁명으로 전 세계가 인터넷으로 연결되는 사회에서는 데이터가 주요한 생산수단이 되리라는 전망이 우세합니다.

　플랫폼 기업은 돈을 벌고 사용자는 필요한 정보를 검색할 수 있으니 누이 좋고 매부 좋은 일일까요? 긍정적으로만 바라볼 수는 없습니다. 구글이나 유튜브, 인스타그램은 내가 제공한 데이터를 이용해 돈을 벌지만 그 데이터에 아무런 대가를 치르지 않습니다. 물론 유튜버들에게 광고 수익을 나눠주는 유튜브 같은 사이트도 있지만, 특별한 경우가 아니면 보상이 충분하지 않거나 거의 없는 수준이지요. 그래서 사회의 부가 점점 플랫폼 기업과 이를 소유한 소수에게 돌아갈 가능성이 높다는 예측이 나옵니다.

또 다른 문제도 있습니다. 인터넷으로 정보를 검색할수록, 길찾기 기능을 사용할수록, 내 사생활이 기업의 데이터로 들어갑니다. 내가 가는 곳, 내가 좋아하는 음식이나 물건·가수 등 모든 것을 다 알고 있는 셈이지요. 로그인하는 순간 누가 나를 망원경으로 바라보듯 감시하는 게 가능하다는 뜻인데, 상상해보면 섬뜩한 일입니다.

더 나아가 이런 정보가 개인을 감시하고, 정부 또는 개인의 부당함에 항의하지 못하게 할 수도 있습니다. 이미 중국에서는 공중화장실에서 지급 장치에 얼굴을 갖다 대야 화장지가 나오거나 모바일 게임을 할 때 안면인식을 하는 방식이 널리 쓰이고 있습니다. 세상이 편리해졌다고 볼 수도 있지만, 우리의 정보가 권력 집단으로 흘러들어가 우리 자신을 감시하거나 압박하는 데 쓰일 수도 있습니다.

이런 측면과 관련해 2022년 9월 우리나라에서는 개인정보보호위원회가 이용자의 동의를 받지 않고 개인정보를 수집·이용한 행위에 대해 구글에 692억 원의 과징금을, 메타에 308억 원의 과징금을 부과한 적이 있습니다. 뿐만 아니라 구글은 '위치 히스토리' 기능을 이용자를 겨냥한 맞춤형 광고에 이용했다는 논란 때문에 미국 40개 주에 3억 9150만 달러(약 5200억 원)를 내놓기로 합의하기도 했습니다.

구글은 분명 훌륭한 검색엔진입니다. 플랫폼 기업 덕분에 우리가 편리한 서비스를 누리는 것도 사실이고요. 그렇지만 사이트에 접속할 때마다 내가 무엇을 제공하는지, 그 대가가 나에게 제대로 돌아오는지 생각해볼 필요가 있습니다.

오늘의 경제 키워드

❖ **플랫폼 기업** 웹사이트나 모바일 앱 등을 통해 생산자와 소비자가 원하는 상품 또는 서비스를 거래할 수 있게 돕는 기업. 구글 등의 검색엔진, SNS 관련 기업, 배달이나 차량 공유 앱 등이 모두 플랫폼 기업에 포함된다.

폭탄 돌리기 게임

보드게임 중에는 주제를 정해놓고 한 사람씩 단어를 말하면서 다음 사람에게
폭탄을 전달하는 게임이 있다. 제한 시간이 되어 폭탄이 터지는 순간, 게임은 끝난다.
이 게임을 할 때 사람들은 조마조마한 마음으로 다음 사람에게 폭탄을 넘긴다.
2000년대 초반, 미국 금융계에서도 폭탄 돌리기 게임이 벌어졌다.
금융기관과 돈을 맡겨놓은 이들이 모두 아슬아슬한 행동을 하며 다음 차례에게
위험한 책임을 넘겼다. 이 폭탄 돌리기는 어떤 결말을 맞았을까?

#폭탄돌리기 #월스트리트 #세계금융위기 #서브프라임모기지 #금융자본주의

리먼브러더스 파산일

폭탄 돌리기 게임의 허무한 결말

2008년 9월 15일, 미국의 리먼브러더스Lehman Brothers라는 회사가 뉴욕지방법원에 파산보호신청서를 제출했습니다. 리먼브러더스는 독일 출신의 리먼 세 형제가 미국으로 건너가 1847년에 면화 장사로 시작한 회사입니다. 리먼 형제는 면화사업으로 큰돈을 번 뒤에 금융업에 뛰어들었습니다. 그 뒤 이 회사는 미국 금융의 중심이라 일컫는 월스트리트에서 4위를 차지할 만큼 번듯한 투자은행으로 자리 잡았습니다.

이토록 큰 규모의 금융회사가 파산에 이른 이유는 무엇일까요? 그 밑바탕에는 부동산 문제가 있었습니다.

주택은 오랫동안 인류의 보금자리이기도 했지만 좋은 투자대상이기도 했습니다. 경기가 좋을 때마다 주택 수요가 넘쳐나 집값이 올랐습니다. 그럴 때면 집을 사고팔아서 큰 이익을 얻는 사람들이 있게 마련이지요. 2000년대 초반은 미국에서 주택 수요가 넘쳐나는 시기였습니다. 9·11테러를 겪은 미국 정부가 경기를 회복하기 위해 국가 금융기관의 기준이 되는 금리(기준금리)를 6%에서 1%까지 낮춘 데 원인이 있었지요. 무엇보다도 은행에서 돈을 빌릴 때 내는 대출금리(이자율)가 낮아지면서 주택 구입을 위한 대출이 늘어났습니다.

여기에 미국의 금융기관들이 가세했습니다. 금융기관들은 예전보다 정교하고 복잡한 '파생금융상품'이라는 것을 만들었습니다. 파생금융상품이란 일반 고객의 예금을 바탕으로 하는 것이 아니라 다른 금융기관에서 돈을 빌려 만드는 상품입니다. 파생금융상품을 만든 금융기관들은 돈을 빌려줄 테니 집을 사라고 사람들을 부추겼습니다. 대출금리가 싼 데다 '누구나 집을 살 수 있는 시기'라는 부추김까지 더해져 주택 구매 열풍이 불었습니다. 집값이 상승세를 타자 중산층뿐만 아니라 저소득층도 주택 투자에 손을 뻗었지요.

저소득층까지 집 사기 대열에 휩쓸린 데에는 이유가 있었습니다. 집을 살 때는 보통 은행에서 목돈을 빌리는 경우가 많은데, 이때 금융기관은 아무에게나 돈을 빌려주지 않습니다. 고객의 자산이나 신용등급을 따져 믿을 만할 사람에게만 돈을 빌려주지요. 그런데 당시 미국 금융기관들은 속임수를 썼습니다. 금융기관들은 신용등급이 낮고 딱히 재산도 없는 저소득층의 신용등급을 교묘하게 올려주어 우량 고객으로 변신시키는 마법을 부린 다음, 무책임하게 돈을 빌려줬지요. 심지어 집값의 거의 100% 수준까지 대출해주기도 했습니다.

이처럼 저소득층을 대상으로 주택담보대출을 해주는 상품을 서브프라임 모기지론subprime mortgage loan이라고 합니다. 서브프라임은 돈을 대출해줄 수 있는 신용등급 중 맨 아래 단계에 있는 사람을, 모기지는 대출해줄 때 잡아두는 담보나 저당을 말합니다. 즉 서브프라임 모기지론은 집을 담보 삼아서 신용등급이 낮은 사람들에게 높은 금리로 대출해주는 것을 말합니다. 서브프라임 모기지론 덕분에 많은 이들이 주택 투기 열풍에 동참했습니다.

분위기에 휩쓸려 감당할 수 없는 대출을 받고 집을 사는 이들이 늘었습니다. '집값이 오르고 있으니 사놓으면 무조건 이익'이라는 생각에 거리낌 없이 주택 구매 행렬에 들어섰지요. 내 집 사기 열풍으로 2001년부터 2006년까지 불과 5년 동안 미국의 주택 가격은 평균 52%나 치솟았습니다.

되돌아보면 당시의 상황은 아슬아슬한 폭탄 돌리기 게임과 비슷했습니다. 과도한 빚을 안고 집을 산 사람들은 대출회사로 위험을 떠넘겼고 대출회사는 다른 투자기관으로 책임을 떠넘겼습니다. 투자기관은 또 다른 투자자들에게 폭탄을 돌리듯 책임을 떠넘겼고요. 미국 경제 전체가 폭탄을 떠안고 돌리는 상태가 되었습니다.

그런데 집값이 올라도 너무 오르자 사람들은 집값이 너무 지나치게 높다는 생각을 하기 시작했습니다. 집을 구매하려는 심리가 가라앉으면서 주택 가격 상승세도 슬슬 행진을 멈췄지요. 집값이 더는 오르지 않자 집을 담보로 무리하게 돈을 빌린 이들은 이익을 내기는커녕 대출금마저 갚지 못하고 무너졌습니다. 이들에게 돈을 빌려준 대출회사들도 도미노처럼 어려움에 빠지고 투자은행, 주택담보대출 관련 증권을 샀던 투자자와 기업들도 위험해졌습니다.

마침내 2008년 9월 15일, 리먼브러더스가 파산하면서 폭탄은 터졌습니다. 대규모 회사가 무너지자 뒤이어 다른 투자은행들도 줄줄이 무너지거나 비틀거렸지요. 금융회사들이 증권을 살 때 함께 들어 있던 보험상품도 있었는데, 이 보험상품을 판매한 회사들도 다 함께 부도 위기에 빠졌습니다. 폭탄이 터지기 시작하면서 미국 경제 전체가 침체의 늪에 빠지고 말았습니다.

세계금융의 중심인 미국 월스트리트의 회사들이 무너지자 그 타격이 전 세계로 퍼졌습니다. 미국 회사들이 투자금을 거둬들이면서 외국의 다른 기업들도 위험해지고, 미국 주식에 투자한 외국 투자자들도 함께 어려움에 빠졌지요. 미국에서 시작된 경기침체는 나비효과처럼 유럽과 아시아 등 전 세계의 주가 하락과 경기침체로 이어졌습니다. 한창 상승세를 이어가던 우리나라의 주택 가격도 이 시기를 전후해서 크게 떨어졌고요. 미국 월스트리트에서 시작된 문제가 전 세계의 불황으로 번졌는데, 이때 상황을 세계금융위기라고 합니다.

이 위기는 어떻게 해결되었을까요? 미국 경제가 더 심각한 상황에 빠지지 않게 하려고 미국 정부는 나랏돈을 투입해 금융회사들에 긴급대출을 해주었습니다. 이렇게 금융기관이나 정부가 무너질 위험에 놓인 기업에 대출해주는 것을 '구제금융'이라고 합니다.

문제는 정부가 구제금융에 쓴 돈이 국민의 세금에서 나왔다는 사실이었습니다. 은행과 투자회사가 위험한 금융상품을 만들고

2012년 '월가를 점령하라' 시위

방만하게 경영한 탓에 생긴 일인데, 결국 국민이 낸 세금으로 급한 불을 끈 셈이었지요. 이처럼 어려운 상황에서 미국 중앙은행의 도움을 받고 겨우 살아난 금융회사가 직원들에게 큰돈을 보너스로 주면서 사회적으로 비난을 받았습니다. 화가 난 시민들은 월스트리트에서 시위를 하며 '월스트리트를 점거하라Occupy Wall Street'라는 운동을 벌였습니다.

세계금융위기는 은행이나 투자회사, 보험사 등의 금융자본이 경제 전반에 얼마나 큰 영향을 미치는지 잘 보여주는 사건이기도 했습니다. 옛날에는 공장에서 상품을 대량생산하여 만들어진 이윤에 기초해 자본주의가 움직였지만, 이제는 금융상품을 거래하면서 만들어지는 이윤이 더 커진 시대가 온 거지요. 자본주의의 이러한 형태를 금융자본주의라고 합니다. 20세기 중후반 이후 전 세계의 투자자, 투자회사, 은행들이 서로 거래하면서 자본주의는 더욱 복잡

오늘의 경제 키워드

❖ **서브프라임 모기지론** 신용등급이 낮고 소득이 적은 고객에게 주택을 담보로 돈을 빌려주는 미국의 금융상품. 2008년 세계금융위기의 원인이 되었다.

❖ **세계금융위기** 2008년 미국 금융회사 리먼브러더스 파산으로 시작된 경기침체. 미국뿐 아니라 전 세계 경기에 영향을 끼쳤다.

❖ **금융자본주의** 제조업 위주의 자본주의를 벗어나 은행이나 투자은행 등의 금융상품 거래 위주로 돌아가는 자본주의. 금융기관이 기업에까지 영향을 줄 수 있다.

하게 얽힌 형태를 띠게 되었습니다. 세계금융위기에서 알 수 있듯, 한 나라의 금융체계가 무너지면 연쇄적으로 다른 나라에 치명적인 영향을 주는 세상이 된 겁니다.

폭탄 돌리기는 2008년에 허무한 결말로 끝나고 말았지만, 비슷한 일이 또다시 벌어지지 않을까요? 금융자본은 여전히 영향력을 발휘하고 있고, 전 세계의 금융 시스템은 복잡하게 얽혀 있습니다. 따라서 금융기관들의 위험한 경영, 투기를 향한 욕망은 단지 한 나라에 머물지 않고 전 세계 경제에 영향을 미칠 수 있지요. 2008년의 금융위기가 도돌이표처럼 반복되지 않도록 무책임한 폭탄 돌리기를 경계할 필요가 있습니다.

초콜릿 폭포가 있고 초콜릿 강이 흐르는 곳

문을 열면 초콜릿을 먹을 수 있는 방이 존재하는 곳. 로알드 달의 동화 《찰리와 초콜릿 공장》
에 나오는 장면이다. 동화는 가난한 집 아들 찰리가 윌리 웡카가 경영하는 초콜릿 공장을 견
학하면서 벌어지는 이야기다. 고작해야 1년에 한 번 초콜릿을 먹을 수 있던 찰리는 이곳에서
초콜릿과 달콤한 간식을 원 없이 맛보게 된다.

찰리와 움파룸파족에게 초콜릿은 환상적인 간식거리다. 현실의 우리에게도 초콜릿은 달콤
한 맛으로 행복한 느낌을 전해준다.

그러나 이 초콜릿 때문에 가혹한 현실을 견뎌야 하는 사람들도 있다고 한다. 누구일까?

#초콜릿의비극 #코트디부아르 #카카오 #아동노동 #하킨-엥겔협약 #공정무역

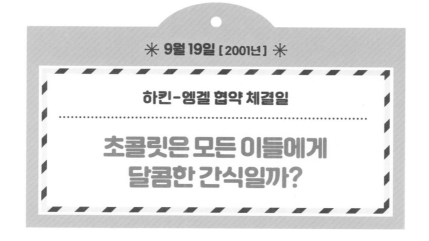

하킨-엥겔 협약 체결일

초콜릿은 모든 이들에게
달콤한 간식일까?

초콜릿은 카카오라는 열매의 씨앗(카카오콩)에서 온 음식입니다. 먼 옛날 남아메리카의 열대우림 지역에 살던 마야인들이 그 씨앗을 갈아 아주 쓰디쓴 음료를 만들 때 사용했다고 해요. 19세기 초, 어느 네덜란드인이 이 카카오 씨앗을 찧고 빻은 다음 설탕을 섞어 고체로 만들었습니다. 지금 우리가 먹는 달콤한 초콜릿의 시작이었지요. 가공하기 쉬운 데다 무엇이든 속에 넣을 수 있어서 초콜릿은 금세 전 세계 사람들의 사랑을 받는 간식거리가 되었습니다.

그런데 이 초콜릿이 모든 사람에게 행복을 안겨주는 것은 아닙니다. 서아프리카에는 전 세계에서 소비하는 카카오의 45%를 생산하는 코트디부아르라는 나라가 있습니다. 이 지역에 사는 많은 어린이들에게 카카오는 고된 일거리에 불과합니다. 만 15세가 안 된 어린이들이 아침부터 저녁까지 보호 장비도 없이 농약과 살충제를 뿌린 농장에서 마체테라는 긴 칼로 카카오 열매를 땁니다. 이 어린이들이 카카오 열매를 400개 정도는 따야 1파운드(약 453그램)의 초콜릿을 만들 수 있다고 합니다. 45킬로그램이 넘는 카카오 열매 자루를 옮기는 일도 주로 아이들이 한다고 하니, 일이 얼마나 고생스러울지 상상할 수 있습니다.

조사에 따르면 2018~2019년 아동노동자 156만 명이 코트디부아르와 가나의 카카오 농장에서 일했다고 합니다. 이 어린이들 중 148만 명은 위험한 일을 한 것으로 조사되었습니다. 심지어 코트디부아르보다 더 가난한 말리공화국, 부르키나파소, 토고 등 주변 국가에서 아이들을 데려와 임금을 주지 않고 '노예'처럼 부리기까지 합니다. 인신매매범이나 농장 주인에게 불법적으로 팔려온 아이들에게 수년간 '노예노동'을 시키는 것이지요.

이들 중 40%는 학교에 다니지 않는다는 사실도 밝혀졌습니다. 일부 아동들은 목표치를 달성하지 못하면 얻어맞기도 하고, 깨끗한 물이나 씻을 곳이 없는 열악한 환경에서 지내기도 합니다. "모든 아동은 경제적으로 착취당해서는 안 되며, 건강과 발달을 위협하고 교육에 지장을 주는 유해한 노동으로부터 보호받아야 한다"

는 유엔UN 아동권리협약 32조가 있지만, 이런 협약은 유명무실할 뿐입니다.

카카오 농장의 가혹한 노동환경은 이미 20여 년 전에 밝혀져 세계를 떠들썩하게 만들었습니다. 그런데도 상황이 나아지지 않은 데는 이유가 있습니다. 코트디부아르는 1인당 국민총생산이 2612달러(2021년 기준)에 불과한 나라입니다. 카카오 생산이 유일한 수입원인 국가이기도 합니다. 세금 수입의 40%, 국내총생산의 10%를 차지하는 절대적인 사업이 카카오 생산이지요.

당시 코트디부아르 수상은 아동의 노동력이 동원되는 이유는 네슬레·허쉬 같은 세계적인 초콜릿 제조업체의 잘못 때문이라고 지적하면서 이 회사들이 더 합리적인 카카오 값을 지불해야 한다고 변명했습니다.

전 세계의 비판 여론이 가라앉지 않자 2001년 9월 19일, 카카오 산업의 아동노동을 없애자는 취지로 하킨–엥겔 협약이라는 것이 맺어졌습니다. 2005년까지 서아프리카의 카카오 농장에서 아동노동을 뿌리 뽑겠다는 내용의 협약이었습니다. 허쉬·네슬레·카길 등 초콜릿을 만드는 대기업, 미국 국회의원들과 코트디부아르 대사, 시민단체 등이 이 협약에 서명했습니다.

바람직한 조약이었지만 강제성이 없는 탓에 한계가 있었습니다. 2010년에는 이 조약에 따라 초콜릿 제조업체들이 아동을 착취하는 노동을 10년 안에 70% 이상 줄이기로 약속했지만 제대로 지켜지지 않고 차일피일 미뤄졌습니다.

2021년에는 네슬레·허쉬 등 글로벌 초콜릿 제조업체들이 아프리카 카카오 농장에서 벌어지는 아동노동 착취를 묵인한 혐의로 소송을 당하기도 했습니다. 카카오 농장에서 일하다 탈출한 청년 8명이 이 회사들에 소송을 제기했습니다. 이 청년들은 서아프리카 말리에서 이웃 국가 코트디부아르의 카카오 농장으로 끌려가 몇 년 동안 임금도 제대로 받지 못한 채 일하다가 그곳을 빠져나왔다고 합니다.

뜻있는 사람들의 노력에도 불구하고 비슷한 일이 벌어지는 이유는 무엇일까요? 성인이 수확한 카카오를 살 경우, 초콜릿 회사는 임금을 더 많이 줘야 합니다. 그러나 아동노동으로 얻은 카카

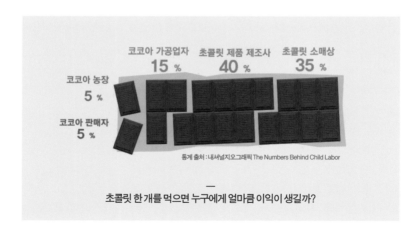

통계 출처 : 내셔널지오그래픽 The Numbers Behind Child Labor

—
초콜릿 한 개를 먹으면 누구에게 얼마큼 이익이 생길까?

오를 사면 값을 적게 치러도 되고, 따라서 초콜릿 회사는 그만큼 더 많은 이윤을 얻을 수 있기 때문이지요.

무역이란 본래 각자 낮은 비용으로 만들기에 유리한 상품을 생산해서 교환하는 것이니, 무역국 당사자에게 더 큰 이익을 준다는 것이 경제학의 오랜 법칙이었습니다. 그러나 우리가 초콜릿을 소비할 때 만들어지는 이익 중 많은 몫이 주로 초콜릿 회사나 카카오를 판매하는 중간상인들에게 돌아갑니다.

세계 각국이 무역을 하면서 그 이익은 예전보다 커졌지만, 무역을 좌지우지하는 힘은 대부분 소수의 글로벌 기업들이 쥐고 있지요. 그리고 이 기업들은 더 많은 이윤을 남기기 위해 개발도상국 생산자들에게 더 낮은 임금을 치르려고 합니다. 이 때문에 카카오 농장 어린이들뿐 아니라 커피를 생산하는 남아메리카 노동자들, 바느질로 축구공을 만드는 파키스탄 어린이들은 정당한 임금을 받지 못하고 온종일 일하는 경우가 많습니다.

따라서 불평등한 세계무역 구조와 빈곤 문제를 해결하고, 가난하고 소외된 생산자들을 위해 공정한 거래를 하는 것이 중요한데 이러한 방향으로 이루어지는 무역을 공정무역이라고 합니다.

코코아·커피·쌀·설탕을 비롯해 운동화·옷·축구공 같은 공산품에 이르기까지 공정무역으로 거래한 상품을 사려는 움직임이 나타난 지 오래입니다. 하킨-엥겔 협약의 내용이 제대로 실현되려면 무엇보다 글로벌 기업들의 노력이 가장 중요하지만, 공정무역 상품에 관심을 기울이는 소비자들의 움직임도 필요하다는 점을 잊지 않도록 해요.

오늘의 경제 키워드

❖ **하킨-엥겔 협약** 서아프리카 카카오 농장의 아동노동을 막기 위해 2001년 미국 민주당 의원 톰 하킨과 엘리엇 엥겔이 카카오를 들여오는 초콜릿 제조업체와 맺은 약속. 이 협약에 따라 코트디부아르의 어린이들에게 가혹한 노동을 시키지 않았음을 확인하는 시스템도 만들었지만, 실질적인 구속력이 없어 기업들이 실행을 미루는 등 한계가 있었다.

❖ **공정무역** 개발도상국 생산자에게 정당한 대가를 지불하면서 소비자에게는 좀 더 품질 좋은 제품을 공급하는 윤리적인 무역.

삼복
(三伏 : 초복·중복·말복)
·····························

복날은 초복·중복·말복이 되는 날로, 이날이면 그해의
더위를 물리친다는 뜻에서 몸보신을 위한 음식을 먹는
사람이 많습니다. 복날의 기원은 중국 《사기史記》에서 찾
을 수 있어요. 7세기 중국의 진나라에서는 복날을 정해

삼계탕에 들어가는 인삼, 찹쌀, 대추는
닭과 어우러져 만족도를 높여주는 보완재가 된다.

제사를 지내고 왕이 신하들에게 고기를 나눠주었다고 합니다. 왜 고기를 나눠주었을까요?

날이 더워지면 인체의 피가 몸의 바깥쪽인 피부로 집중돼 몸속이 차가워지고 장기의 기능이 떨어집니다. 이때 뜨거운 성질의 고기를 섭취하면 몸에 부족한 열과 기를 보충해 배탈이나 설사, 감기를 예방할 수 있지요. 이 풍습이 우리나라에 전해져, 우리 조상들은 복날이면 더위를 피해 계곡에서 음식과 술을 즐겼다고 합니다.

조선시대 양반들은 복날에 주로 소고기를 넣은 육개장을 먹었습니다. 그러나 일반 백성에게 소고기는 너무 비쌌습니다. 그래서 찾은 것이 개고기로 만든 개장국이었습니다. 개고기는 주변에서 쉽게 구할 수 있고 단백질이 풍부한 육류였기 때문이지요. 소고기 대용, 즉 소고기의 대체재로 개고기를 찾은 셈입니다.

개장국은 오랫동안 서민의 보양식으로 인기를 끌었지만, 이제는 옛날 같지 않습니다. 반려동물로 기르는 개를 식용으로 쓴다는 데에 거부감이 커졌으니까요. 개장국에 대한 부정적 인식이 높아지면서 그 대신에 삼계탕을 먹는 사람들이 더 늘었습니다. 개장국을 찾는 사람들이 줄어들자 그 대체재인 삼계탕의 수요가 늘어난 겁니다.

그런데 삼계탕을 만들 때는 닭 속에 인삼과 찹쌀을 넣습니다. 인삼과 찹쌀은 따뜻한 성질을 지녀서 닭의 뜨거운 성질과 어울려 기운을 내는 데 도움을 줍니다. 삼계탕에 넣는 대추도 닭과 잘 어울리고 다른 재료들이 내는 맛의 균형을 잡아주지요. 삼계탕 재료인 닭고기와 인삼, 찹쌀, 대추는 이처럼 함께 소비할 때 만족도가 커지므로 보완재라고 볼 수 있습니다.

보완재 관계에 있는 재화들은 보통 한 재화의 가격이 올라가면 다른 재화의 수요가 줄어드는 특징을 보입니다. 만약 닭고기 가격이 올라서 삼계탕이 인기가 떨어지면 인삼과 찹쌀, 대추의 수요도 줄어들겠지요. 이처럼 복날에 먹는 삼계탕 한 그릇에도 대체재와 보완재라는 경제학 이야기가 숨어 있습니다.

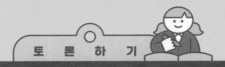

로봇세, 도입하는 게 좋을까?

로봇에 세금을 부과하는 로봇세, 사라지는 일자리에 대한 해답이 될까?

사회자 앞으로 본격적인 4차 산업혁명 시대로 접어들면 사람의 일자리가 로봇이나 인공지능에 넘어갈 거라고 합니다. 사람들이 일자리를 잃어가는 속도를 늦추기 위해 로봇이 만들어내는 부가가치에 세금을 매기자는 로봇세 이야기가 나오고 있지요. 오늘은 이 로봇세를 놓고 찬성하는 유미래 씨와 반대하는 김유지 씨의 의견을 들어보겠습니다.

유미래 네, 저는 로봇세에 찬성합니다. 앞으로 로봇이 인간의 일자리를 대신하면서 많은 노동자들이 일자리를 잃을 거라고 합니다. 산업용 로봇의 경우, 근로자 1만 명당 세계 평균 126대로 10년 전보다 2배가 늘었습니다. 특히 우리나라에서는 산업현장에서 쓰는 로봇 보급 대수가 세계 1위(1만 명당 로봇이 932대)에 이를 정도로 로봇을 많이 이용하고 있습니다. 일상에서는 음식점에서도 로봇을 눈에 쉽게 볼 수 있는 정도이지요. 이런 변화에 발맞추어, 로봇을 가진 사람이나 기업에 세금을 매겨서 사람들이 실업 상태에 빠지는 속도를 늦춰야 한다고 생각합니다.

김유지 유미래 씨 말씀에 의문이 생깁니다. 로봇세를 도입해서 기술 발달을 늦추는 게 우리 사회를 위해 좋은 일일까요? 기술이 발달해야 오히려 더 많은 부가가치를 만들고 사회 구성원이 풍요롭게 살 수 있습니다. 산업혁명 때 방직기나 방적기, 증기기관에 세금을 매겼다면 지금처럼 기술이 발달하지는 못했을 겁니다. 과학기술의 발달은 사회발전에 이바지하는 만큼, 세금을 매길 일이 아니라 오히려 보조금을 줘야 할 일이라고 생각해요.

유미래 그렇다면 사회 전체의 풍요와 과학기술의 발달을 위해 실업으로 고통받는 사람이 생겨도 상관없다는 말씀이신가요? 로봇세를 처음으로 주장한 사람은 마이크로소프트의 창업자 빌 게이츠입니다. 빌 게이츠는 로봇에 세금을 매겨서 기술 발달로 일자리를 잃은 노동자의 직업훈련을 위해 쓰자고 제안했습니다. 앞으로 실업자가 늘어날수록 세금을 걷는 데도 어려움이 있을 텐데, 부족해진 세금 수입을 채우는 데에도 로봇세가 도움을 줄 것입니다.

김유지 "로봇이 늘어날수록 사람들의 일자리가 줄어들 것이다"라고 단정하시는데, 그 가정이 맞을까요? 산업혁명 당시 기계 때문에 실업자가 늘어나기도 했지만 그만큼 새로운 직업이나 직무 분야가 생겨나 노동자들이 해당 분야로 이동했습니다. 2018년에 세계경제포럼WEF이 일자리의 미래에 관해 보고한 바에 따르면, 로봇과 그 관련 기술로 7500만 개의 일자리가 위협받겠지만 그 과정에서 전 세계에 걸쳐 1억 1330만 개의 새로운 일자리가 만들어질 거라고 합니다. 로봇공학 전문가라든가 분석가, 데이터 분석가, AI 기계학습 전문가 등의 새로운 직업이 늘어나 사라질 직업을 대체하겠죠.

유미래 김유지 님은 장밋빛 미래만을 말씀하시는군요. 새롭게 생기는 일자리가 모든 사람에게 공평하게 돌아갈까요? 이를테면 농민, 음식점 종업원, 조립이나 공장 노동자들이 로봇공학 전문가나 데이터 분석가로 한순간에 변신할 수 있을까요? 이 사람들에게 적절한 직업교육을 해야만 다른 직업으로 이동할 수 있습니다. 그러기 위해서는 돈이 필요하고, 이 돈을 로봇세를 통해 마련할 수 있다는 뜻입니다.

김유지 로봇세를 거두어 재원을 마련할 수 있다고 말씀하시는데, 로봇의 정의부터 다시 따져봐야 합니다. 어디까지 로봇으로 인정해야 할까요? 산업용 로봇, 식당의 서빙용 로봇 등, 로봇이라 해도 다양한 형태와 종류로 존재하기 때문에 쉽게 정의 내리기 어렵습니다. 그리고 자동차·전자 업계에서 쓰는 로봇뿐 아니라 공항에서 항공권을 발급해주는 기계, 은행의 현금인출기도 사람의 일자리를 빼앗고 있어요. 그런데 로봇에만 세금을 매긴다면 관련 기업에만 부담을 지우는 셈인데, 과연 정당한 일일까요?

유미래 공평함을 말씀하셨지만 로봇을 많이 소유한 기업은 이미 사회의 부를 더 많이 소유하고 있는 경우가 많습니다. 만약 인간이 로봇으로 대체되는 시점에서 로봇세를 걷지 않으면 로봇을 많이 소유한 사람이 소득을 독점할 겁니다. 김유지 님이 말씀한 로봇의 정의를 내리기 어려운 측면은 연구와 조사를 거쳐 보완할 수 있습니다. 그렇지만 로봇의 도입으로 경제적인 부가 한쪽으로 쏠리는 현상은 사회 전체적인 불공평을 낳을 거예요.

사회자 로봇세 도입을 반대하는 김유지 님은 로봇세 때문에 기술 발달을 저해해서는 안 된다는 의견을 말씀하셨고, 유미래 님은 사회의 부를 공평하게 나누기 위해 로봇세를 도입해야 한다고 말씀하셨습니다. 로봇이 앞으로 사람의 일자리를 빼앗을지 아니면 더 좋은 일자리를 만들어낼지, 그것이 전체 사회에 풍요와 공정을 가져다줄지 생각해볼 문제네요. 두 분 말씀 고맙습니다.

4분기

10월~12월

10월 16일

석유파동이
시작된 날

10월 24일

초음속여객기 콩코드가
마지막 비행을 한 날

10월 24일

서울에 백화점이
처음 문을 연 날

10월 24일

경제 대공황이 시작된
검은 목요일

11월 3일

샤넬백 가격이
1000만 원 돌파한 날

11월 13일

전태일 열사
분신일

11월 15일

베를린회의
개최일

11월 17일

허니버터칩이 석 달 만에
매출 100억 원 돌파한 날

11월 27일

미국의 거대 기업 아마존
노동자 파업일

12월 3일

IMF 구제금융
발표일

12월 12일

파리기후변화협약
채택일

12월 26일

환율이 달러당
1962원을 기록한 날

"Sorry NO GAS"

주유소 앞에서 직원이 "미안합니다. 휘발유가 없습니다"라고 알리고 있다.
1970년대에 미국에서 볼 수 있던 모습이다.
그때는 주유소마다 자동차들이 몇 킬로미터씩 늘어서 있는 건 기본이었다.
미국·영국처럼 부유한 나라도 석유가 부족해 에너지절약 정책을 실시할 정도였다.
자동차 주행속도를 시속 약 120킬로미터에서 시속 약 90킬로미터로
떨어뜨리기까지 했다. 이 석유 부족 사태는 이슬람 국가가 모여 있는
서남아시아에서 시작되었다.

#석유수출국기구 #석유의힘 #스태그플레이션 #자원무기화

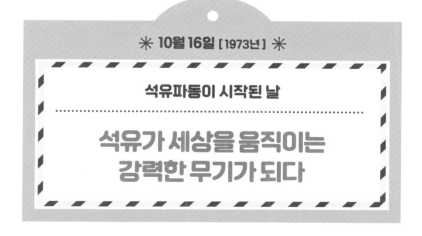

석유파동이 시작된 날

석유가 세상을 움직이는 강력한 무기가 되다

20세기 들어 석유는 석탄에 뒤이어 인류의 주요 에너지자원으로 자리 잡았습니다. 석유 매장량이 풍부한 덕분에 경제적으로 힘을 얻은 산유국(석유를 생산하는 나라)이 많았습니다. 땅덩어리가 넓은 미국도 주요 산유국이었죠. 20세기에 가장 힘센 국가가 된 미국은 나라 안에서 석유를 생산할 수 있으니 수요를 충분히 채울 수 있었습니다.

그런데 2차 세계대전 때부터 미국과 유럽 국가들은 중동에 풍부하게 묻혀 있는 석유에 관심을 기울였습니다. 탱크와 비행기를 움직이는 연료인 석유가 얼마나 원활하게 수급되느냐에 따라 전쟁의 승패가 갈린다는 사실을 알았기 때문입니다. 이후 서구 강대국들은 사우디아라비아, 이란, 이라크, 쿠웨이트 등에 정유회사를 세우고 이곳에서 석유자원을 개발하기 시작했습니다.

그 뒤 1970년대 초까지 중동에서 생산하는 석유의 비중이 꾸준히 늘었습니다. 이 지역에는 석유 자원이 매우 풍부하게 묻혀 있어서, 아무리 공급을 늘려도 가격이 낮은 편이었기 때문입니다. 전 세계에 석유를 수출하는 중동 국가들은 점차 자신들이 가진 석유 자원의 힘을 알아차렸습니다. 그래서 석유를 생산해 수출하는 중동의 이란·이라크·사우디아라비아·쿠웨이트와 남미의 베네수엘라가 이라크의 수도 바그다드에 모여 1960년에 '석유수출국기구 Organization of the Petroleum Exporting Countries, OPEC'를 만들었습니다.

중동은 역사적으로 복잡한 사연이 있는 지역입니다. 우리가 현재 중동 국가로 알고 있는 사우디아라비아, 이라크, 튀르키예, 시리아, 이스라엘 등은 1900년대 초만 해도 지도상에 존재하지 않는 나라였습니다. 1차 세계대전 이전까지 대다수가 오스만제국이라는 큰 나라의 지배 아래 있었으니까요. 1차 세계대전이 끝난 뒤 오스만제국이 멸망하면서 영국·프랑스 등 유럽 국가가 지도상에 선을 긋고 국경을 제멋대로 나누어 혼란을 불러왔습니다. 특히 영국은 1910년대 중동에 유대인 국가의 창설을 지지한다고 했다가, 아랍 국가의 건설을 지지한다고 선언하는 등 복잡한 행보를 이어갔지요.

유대인은 오래전 중동 지역을 떠나 세계 곳곳에 흩어져 살며 다른 민족에게 박해받은 민족입니다. 영국은 유대인 국가의 창설을 지지한다고 했지만, 사실 유대인은 중동의 다른 이슬람 국가들과 종교와 문화가 달라 한 지역에서 섞여 지내기 힘들었습니다. 그러나 1947년, 유대인은 영국의 약속을 발판으로 자신들의 고향이라 생각하는 팔레스타인 지역에 '이스라엘'이라는 나라를 세우고는 본래 이곳에 살고 있던 아랍인을 내쫓았습니다. 한순간에 내쫓긴 아랍인들이 반발하면서 2차 세계대전 이후 끊임없이 벌어진 중동 전쟁과 분쟁의 원인이 되었습니다.

1973년 10월 6일, 이집트와 시리아가 이스라엘을 공격하면서 4차 중동전쟁이 벌어졌습니다. 이스라엘이 빼앗은 지역을 되찾기 위한 시도였습니다. 이스라엘과 우호국 관계인 미국은 이번에도 이스라엘을 도와주려 했지만, 산유국들이 가만있지 않았습니다. 그들은 석유를 가진 자신들이 세계 경제와 정치에 어떻게 영향력을 행사할 수 있는지 진작에 깨달은 상태였거든요.

10월 16일, 쿠웨이트에 모인 OPEC 회원국은 원유 가격을 배럴당 2.9달러에서 5.11달러로 인상하기로 결정했습니다. 그리고 이스라엘이 점령지에서 나갈 때까지 원유 생산량을 매달 5%까지 줄인다는 결정도 덧붙였지요. 예상대로 석유 가격은 전 세계를 뒤흔들 만한 힘이 있었습니다. 이듬해인 1974년 1월 OPEC이 결정한 원유가는 본래 가격의 4배 정도인 11달러를 넘어설 만큼 치솟았습니다.

 석유는 자동차나 난방 연료로 쓰일 뿐 아니라 오늘날 공산품 어디에나 쓰이는 재료입니다. 우리가 입는 옷을 비롯해 가전제품, 치약이며 플라스틱 제품이 모두 석유를 원료로 만들어집니다. 이렇듯 광범위하게 쓰이는 석유 가격이 오르자 모든 상품의 가격이 일제히 올랐습니다. 엄청난 물가상승(인플레이션)의 늪이 세계를 삼켰지요. 1970년대에 석유 공급이 줄고 그 가격이 크게 오르면서 세계경제가 큰 혼란에 빠진 사건을 석유파동(오일쇼크)이라고 합니다.

 이전까지 세계경제의 흐름에는 일정한 규칙이 있었습니다. 보통

—
석유파동으로 기름을 미리 사 두기 위해 모인 사람들

인플레이션(물가상승)은 경기가 좋을 때 나타나는 경우가 많았습니다. 기업의 투자가 활발해지면 자연스레 물가가 오릅니다. 그런데 이런 경우에는 물가가 올라도 경기가 좋으니 실업률이 떨어지고 사람들 소득은 올라가지요. 그러나 석유파동 이후에는 물가상승뿐 아니라 경기까지 나빠지는 설상가상의 상황이 벌어졌습니다.

이렇게 경기 불황 중에도 물가가 계속 오르는 현상을 스태그플레이션(장기적인 경기침체를 뜻하는 스태그네이션과 지속적인 물가상승을 뜻하는 인플레이션이 합쳐진 말)이라고 합니다. 스태그플레이션은 서민들에게 그대로 영향을 주었습니다. 사람들은 일자리를 잃고 물가까지 오르는 이중의 고통에 시달렸습니다.

1970년대의 경제 상황은 경제학자들에게도 새로운 문젯거리를 던져주었습니다. 경제 대공황 이후 자본주의를 따르는 대부분의 국가에서는 정부가 경제에 적극 개입해왔습니다. 물가가 오르는 시기에는 시중에 풀린 돈을 줄여서 과열된 경기를 잠잠하게 만드는 방향으로, 경기가 침체된 시기에는 시중에 돈을 풀어 경기를 활발하게 하는 식으로 조절했지요. 우리가 샤워할 때 뜨거운 물과 차가운 물을 적절히 섞어 물의 온도를 조절하는 것과 비슷한 이치입니다.

그런데 석유파동과 스태그플레이션은 지금까지의 경제법칙이 어긋나버린 사건이었습니다. 정부와 중앙은행이 시중에 돈을 풀어도 물가가 오르니 문제고, 돈의 흐름을 조여도 불황이 심해지니 어떤 식으로든 손대기 어려워진 것입니다. 이렇게 최악의 시기를 지나고 나자 경제학자들 사이에서 새로운 의견이 나왔습니다. 정부가 경제에 굳이 간섭하지 말고 경제를 예전처럼 시장의 자유에 맡겨두자는 흐름, 즉 신자유주의가 등장했지요.

석유파동은 또 다른 깨달음도 안겨 주었습니다. 각 나라가 자신들의 이익을 대변하고 전 세계에 정치적 영향력을 펼치기 위해 자원을 무기처럼 쓸 수 있다는 깨달음이었습니다. 1980년대로 접어들어 석유파동의 영향이 줄어들면서 경기도 나아졌습니다.

그러나 2020년대에 들어 자원 무기화 경향이 다시 나타나고 있습니다. 특히 우크라이나를 침공하면서 전쟁을 벌인 러시아가 유럽에 가스 공급을 중단한 탓에 유럽 지역에서는 가스 가격이 20% 이상 급등했습니다. 중국은 반도체, 스마트폰, 전기차나 인공위성

오늘의 경제 키워드

❖ **석유수출국기구** 국제 석유 가격과 생산량에 대한 영향력을 높이기 위해 석유 수출국들이 결성한 기구. 흔히 오펙OPEC이라고 한다. 1970년대 두 차례의 석유파동에 큰 영향을 끼쳤다.

❖ **스태그플레이션** 경제 불황 중에도 물가가 계속 오르는 현상. 스태그네이션stagnation (경기침체)과 인플레이션inflation을 합성한 말이다.

❖ **자원 무기화** 자기 나라 영토에 한정되어 있는 자원을 무기 삼아 각 나라가 펼치는 정책. 자원의 공급을 줄이거나 가격을 높이면서 자국의 이익을 늘리고 영향력을 키우려 한다.

제조에 쓰이는 희토류라는 광물자원을 내세워 국제적으로 힘을 발휘하려 합니다. 인도네시아는 식용유의 재료인 팜유 수출을, 남미 국가들은 구리 등 광물자원의 수출을 조절하며 자원 무기화를 향해 달려가고 있습니다.

새의 부리를 닮은 비행기

비행기보다 2배 이상 빠른 콩코드라는 초음속 여객기다.

콩코드는 1969년에 프랑스와 영국이 힘을 합쳐 개발한 뒤,

27년 동안 상업 운항을 한 비행기다. 일반 비행기로 8시간쯤 걸리는 미국 뉴욕과

프랑스 파리 사이를 3시간 만에 주파할 정도로 속도가 빨랐다.

그러나 이제 콩코드는 상업 운항을 하지 않고, 여러 나라의

항공우주박물관에 전시된 신세가 되었다. 세계에서 가장 빠른 비행기가

하늘을 날지 못하고 전시품이 되어버린 이유는 무얼까?

#콩코드 #매몰비용 #엎질러진물 #콩코드의오류 #합리적선택

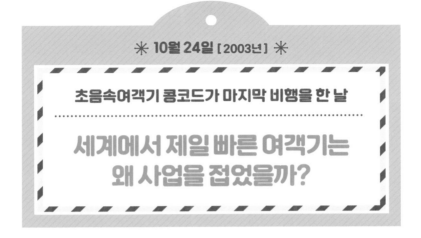

초음속여객기 콩코드가 마지막 비행을 한 날

세계에서 제일 빠른 여객기는 왜 사업을 접었을까?

2003년 10월 24일 오후 4시 5분. 영국 런던의 히드로공항에 브리티시항공 소속 콩코드 여객기가 활주로에 착륙했습니다. 미국 뉴욕에서 이륙한 이 여객기는 대서양을 건너 3시간 40분 만에 영국의 공항에 내렸지요. 콩코드 여객기는 보통 비행기의 2배 높이를 날아서 지구와 우주의 경계까지 갈 수 있는 초음속 비행기였지만, 안타깝게도 이날 마지막 비행을 치러야 했습니다.

콩코드Concorde는 화합·조화·협조를 뜻하는 프랑스 단어(본래 발음은 콩코르드)로, 영국과 프랑스 두 나라가 협력하여 초음속여객기 개발을 추진했다는 의미가 담긴 이름입니다. 1950년대부터 계획되어 개발 과정을 거쳤으며, 1960년대에 들어 이미 비행기를 시험으로 만들 수 있었고 시험 비행까지 마쳤습니다. 1976년 1월부터는 본격적으로 상업 운항을 해서 손님들을 태우고 비행했지요.

콩코드는 속도가 빠르다는 분명한 장점이 있었지만 단점도 만만치 않았습니다. 무엇보다 손님을 태우고 운행하기에는 경제성이 떨어졌습니다. 빠른 속도로 하늘을 날려면 비행기가 날렵하게 생겨야 했기 때문에 기내에 좌석을 많이 놓을 수 없었습니다. 최대 승객의 수가 일반 여객기의 4분의 1 정도밖에 되지 않았고, 연료는 더 많이 써야 했지요.

결과적으로 항공권 가격이 몹시 비쌀 수밖에 없었습니다. 보통 여객기의 1등석보다도 3배 이상 비싸고, 이코노미석 기준으로 비교하면 무려 15배 정도나 차이가 났기 때문에 콩코드를 탈 만한 수요가 몹시 적었습니다. 게다가 콩코드는 이착륙 때마다 엄청난 소음을 냈기 때문에 항로 주변에 사는 주민들의 민원이 컸습니다.

이처럼 경제성이 부족한데도 영국과 프랑스는 콩코드 여객기의 상업 운항에서 손을 떼지 못했습니다. 큰 손실이 예상됐지만, 그때까지 연구비 등으로 천문학적인 액수를 썼기 때문에 그런 손실을 인정하는 것 자체가 부담이었습니다. 뿐만 아니라 미국과 소련에 밀리던 두 나라는 콩코드 비행에 큰 자존심을 걸었기 때문에 실패를 인정하기 어려웠습니다. 이처럼 잘못된 결정을 했지만 지금까지 들인 투자비용 때문에 실수를 바로잡지 않고 그대로 사업을 이어가다 더 큰 손해를 입는 경우를 '콩코드의 오류'라고 합니다.

콩코드의 오류가 발생하는 이유는 '이미 들여서 되돌릴 수 없는 비용'에 집착하기 때문입니다. 어떤 선택을 하려면 앞으로 들어갈 비용과 이득에 집중해야 합니다. 영국과 프랑스는 콩코드 연구와 운항에 어마어마한 비용을 썼지만, 이는 이미 써버리고 되돌릴 수 없는 상황이었습니다. 엎질러진 물처럼 다시 회수할 수 없었습니다. 경제학에서는 이런 비용을 매몰비용이라고 합니다.

그러나 합리적인 선택을 하려면 이미 엎질러진 물, 그러니까 매몰비용을 생각하지 말아야 합니다. 되돌릴 수 없는 것을 아까워할수록 더 큰 손해를 보게 되니까요. 그러기보다 앞으로 써야 할 비용이 얼마나 들어갈지 따져보는 게 합리적인 선택입니다. 콩코드의 경우 사업을 이어갈수록 들어갈 돈이 벌어들일 돈보다 많기 때문에 손해를 볼 게 분명했지요. 그런데 이미 써버린 돈을 아까워하다가 더 큰 손실을 입은 겁니다.

영국과 프랑스 정부의 선택이 어리석었다고 할 수 있습니다. 그러나 우리도 두 나라와 마찬가지로 매몰비용을 아까워하다가 종종 비합리적인 선택을 합니다. 영화관에서 지루한 영화를 볼 때 사람들은 티켓 값이 아까워 괴로움을 참고 끝까지 봅니다. 티켓 값은 이미 되돌릴 수 없는 매몰비용이니 굳이 괴로워하지 말고 나가서 다른 활동을 하는 편이 더 나을 수 있는데도 말이죠. 1교시 시험은 이미 끝난 일인데 거기에 연연해서 다음 시간 시험을 준비하지 못하는 바람에 2교시 시험까지 망치는 경우도 있지요. 본전 생각에 노름판을 떠나지 못하는 심리, 오랫동안 사귄 연인과 사이가 나빠져도 지금까지 들인 시간이 아까워 계속 교제하는 심리도 비슷한 맥락이라고 볼 수 있습니다. 이런 경우 '1교시에 망친 시험', '노름에서 잃은 본전', '지금까지 연애하는 데 쓴 시간'은 이제 되돌릴 수 없는 매몰비용입니다.

매몰비용 때문에 사업을 접지 못한 콩코드 여객기는 결국 큰 사고가 났습니다. 2000년 7월 25일, 파리에서 뉴욕으로 가는 콩코드 비행기가 샤를드골 공항을 이륙하자마자 불길에 휩싸여 공항 근처의 호텔로 추락하는 사고가 났습니다. 몇 분전에 이륙한 다른 비행기에서 떨어진 금속 조각이 원인이었지만, 이 사고로 100명이 넘는 승객과 승무원이 모두 사망하면서 콩코드의 안전성에 대한 믿

오늘의 경제 키워드

❖ **매몰비용** 의사결정을 거쳐 지출한 비용 중 회수할 수 없는 비용. 새로운 선택을 할 때는 매몰비용을 고려하지 않는 것이 합리적이다

❖ **콩코드의 오류** 어떤 행동을 선택하여 추진할 때, 그것이 만족스럽지 못한데도 이미 투자한 비용을 고려하거나 그 선택을 정당화하기 위해 행동을 계속 이어나가면서 합리적인 판단을 내리지 못하는 것.

음이 깨져버렸지요. '비싸도 안전한 비행기'라는 믿음마저 무너지면서 승객이 더 크게 줄었습니다.

마침내 콩코드는 총알처럼 빠른 비행을 계속하지 못하고 박물관에 전시되는 신세가 되었습니다. 더불어 '콩코드의 오류'라는 용어로 역사에 불명예스러운 이름을 남겼습니다.

우리나라 최초의 근대식 백화점

일제 강점기를 배경으로 한 영화 〈암살〉. 영화 주인공인 여성 독립운동가 안옥윤은 경성에 있는 미쓰코시라는 백화점에서 쌍둥이 언니를 만난다. 그런데 이 영화에 나오는 백화점은 가상공간이 아니라 위의 흑백사진에 담긴 실제 장소라고 한다. 우리나라 최초의 근대식 백화점이라 불리는 미쓰코시백화점 경성 지점으로, 1930년대에 세워진 건물이다.

이 백화점은 이상의 소설 〈날개〉에도 나온다. "나는 어디로 들입다 쏘다녔는지 하나도 모른다. 다만 몇 시간 후에 내가 미쓰코시 옥상에 있는 것을 깨달았을 때는 거의 대낮이었다." 이 대목에서 말하는 '미쓰코시'가 바로 미쓰코시백화점이다. 미쓰코시백화점은 지금 우리가 가는 백화점과 내부가 비슷했을까?

#미쓰코시백화점 #백화점층별배치에숨어있는비밀
#우리나라최초의백화점 #수요의가격탄력성

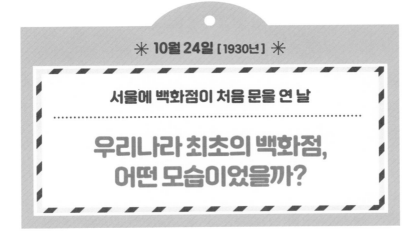

서울에 백화점이 처음 문을 연 날

우리나라 최초의 백화점, 어떤 모습이었을까?

　　1930년 10월 24일, 지금의 충무로1가는 수많은 사람들로 들썩였습니다. 우리나라 최초의 근대적 백화점인 미쓰코시백화점 경성 지점이 문을 열었기 때문입니다. 이곳은 일본 기업 미쓰코시백화점의 서울 출장소로 시작했습니다. 처음에는 작은 잡화상 정도였던 출장소가 지점으로 승격되면서 지상 4층, 지하 1층, 종업원 360여 명 규모의 백화점으로 새롭게 탄생했지요. 그 뒤로 미쓰코시백화점은 다양한 상품을 판매하는 장소이자 근대 문물을 소개하는 곳, 부유층이 식사와 문화를 즐기는 공간으로 자리 잡았습니다.

　　백화점답게 층마다 특색 있는 상품을 분류해 판매했습니다. 지하에는 손님용 간이식당과 잡화점, 유리그릇과 식료품 매장이 있었습니다. 1층에는 화장품 매장, 일본 신발 매장, 약국과 여행 안내소가 있었지요. 3층에는 일본 옷과 맞춤복·기성복을 비롯해 남성 양복과 여성 양장, 신사용 모자와 구두 따위를 파는 매장이 있었습니다. 4층에는 가구 매장, 대형 홀, 커피숍과 식당을 겸한 대형 식당이 있었고요.

미쓰코시백화점의 층별 배치를 살펴보면 흥미로운 점이 눈에 띕니다. 지금의 백화점과 층별 배치가 크게 다르지 않다는 점입니다. 오늘날에도 많은 백화점의 층별 배치는 비슷합니다. 1층에서는 액세서리나 가방·스카프 등을 팔고, 2층과 3층에서는 여성복을 판매하는 경우가 많습니다. 4층에는 남성복, 더 높은 층에는 가구나 가전 매장, 식당 등이 자리합니다.

이러한 층별 배치에는 숨겨진 의도가 있습니다. 보통 액세서리나 가방, 스카프 같은 상품은 사람들이 꼭 사야겠다는 마음을 먹고 백화점에 가지 않습니다. 매장을 구경하다가 가격이 적당하고 마음에 들면 사는 경우가 많지요. 따라서 이런 상품은 눈에 잘 띄는 곳에 있어야 고객이 우연히 둘러보다 구입할 수 있습니다.

반면 가구나 남성복, 예전의 맞춤옷 같은 상품은 애초부터 고객들이 구매를 결심하고 찾는 경우가 많습니다. 이런 상품을 사려는 사람들은 미리 작정을 하고 백화점을 방문하기에 높은 층에 있어도 어떻게든 매장을 찾아갑니다. 가격에도 크게 구애받지 않습니다. 백화점 식당가의 위치도 비슷한 원리에서 지하나 꼭대기 층에 배치되어 있습니다. 식당은 배가 고프면 찾아야 하는 필수적인 장소여서 가격에 민감하지 않습니다. 그래서 접근하기 불편한 지하나 꼭대기 층에 자리 잡는 경우가 많습니다.

이처럼 백화점 층별 배치에는 판매 이익을 높이려는 백화점의 전략이 숨어 있습니다. 그리고 그 배경에는 수요의 가격탄력성이라는 개념이 있습니다. '탄력성'이라는 개념이 어렵게 느껴지면, 다양한 재질의 공을 벽에 던지는 장면을 상상해봐도 좋습니다. 딱딱한 볼링공은 벽에 부딪혔다 튕겨 나오는 정도가 작지만 말랑말랑한 고무공은 튕겨 나오는 정도가 큽니다. 똑같은 자극을 주어도 공의 재질에 따라 반응하는 정도가 다르지요.

마찬가지로 물건값이 똑같은 비율로 변해도 상품의 특성에 따라 소비자가 더 민감하게 반응해 수요량(상품 가격이 정해져 있을 때 소비자들이 사려고 하는 구체적인 수량)이 크게 변하기도 하고 작게 변하기도 합니다. 보통 생활 필수품은 소비자들이 가격변동과 상관없이 꼭 사야 하는 상품이 대부분이라 가격탄력성이 작습니다. 우리나라에서는 쌀이나 배추 같은 상품은 값이 아무리 올라도 사람들이 어떻게든 구매합니다. 가격변동에 따른 수요의 탄력성이 작은 편이지요. 그러나 골프 용품이나 비싼 액세서리, 해외여행 상품 등은 가격이 오르면 소비자가 굳이 사려 하지 않기 때문에 가격에 민감하게 반응합니다.

앞에 말한 백화점의 층별 배치에서도 가격탄력성이라는 개념을 찾아볼 수 있습니다. 신발이나 가방, 액세서리는 가격변동에 따라 수요가 민감하게 반응하는 상품입니다. 반면 가구나 식사 등은 필수품에 가까운 상품이어서 가격변동에 둔감하게 반응하므로 어떤 층에 배치해도 판매량이나 판매이익에 큰 영향을 받지 않습니다. 요즘에는 백화점이 의류나 먹거리 등으로 차별화를 꾀하여 변화가 생기기도 하지만, 대다수 백화점의 층별 배치는 비슷한 편입니다.

"가격에 따라 수요량이 민감하게 반응하는 상품은 눈에 잘 띄는 곳에, 반대로 둔감하게 반응하는 상품은 눈에 잘 띄지 않는 곳에 둔다"라는 원칙은 백화점뿐 아니라 마트에서도 발견할 수 있습니다. 가격에 둔감한 쌀이나 정육 코너, 생선 코너는 매장 맨 안쪽에 자리 잡는 경우가 많고, 가격에 민감한 상품이나 필수품이 아닌 와인·껌·사탕 등을 파는 코너는 입구 쪽이나 계산대 근처에 자리 잡는 경우가 많습니다.

오랜 세월을 거치면서 미쓰코시백화점은 어떻게 됐을까요? 백화점은 1945년 해방 이후 1960년대에 삼성그룹이 인수해 신세계백화점으로 이름을 바꾸었습니다. 지금도 성업 중인 신세계백화점은 상품가격을 낮추어 파는 바겐세일을 1967년에 우리나라 최초로 실시한 곳이기도 합니다.

바겐세일에도 가격탄력성의 법칙이 숨어 있는 점은 흥미롭습니다. 할인 대상이 되는 품목은 주로 잡화나 구두, 여성 의류입니다. 대부분 가격변동에 민감해서(가격탄력성이 큰 상품이어서) 가격을 조금만 낮춰도 판매량이 급격히 늘어나는 상품입니다. 물론 바겐세일을 하면서 백화점은 더 큰 이득을 볼 수 있고요. 이처럼 층별 배치 뿐만 아니라 할인 품목에도 경제학의 재미있는 원리가 숨어 있습니다.

오늘의 경제 키워드

❖ **수요의 가격탄력성** 가격의 변화에 따라 상품의 수요량이 민감하게 반응하는 정도. 보통 필수품은 가격변동에 둔감해 수요의 가격탄력성이 작고, 사치품은 가격변동에 민감해 수요의 가격탄력성이 크다.

이민자 어머니

주름진 얼굴에 남루한 옷차림이 두드러져 보인다.

곁에는 수줍어하는 듯 얼굴을 숨긴 아이들이 있다.

손으로 턱을 괴고 근심에 가득 차 있는 듯한 이 사람은 누구일까?

위 사진은 1936년에 미국의 사진기자 도로시아 랭이 찍은

〈이민자 어머니Migrrang Mother〉라는 작품이다.

그 무렵 경제적으로 황폐해진 농촌 풍경을 카메라에 담고 있던 랭은 어느 농장에 들른다.

가난으로 집을 잃고 떠도는 사람들이 잠시 머물며 남의 작물을 수확해주는 곳이었다.

이곳에서 랭은 7명의 아이를 데리고 있는 한 어머니를 발견하고 카메라 셔터를 눌렀다.

이 어머니는 주변에서 주운 채소와 아이들이 잡은 새로 허기를 때우고 있었다.

이 사진은 대공황이라는 경기침체로 고통을 겪는 미국인을 대표하는 작품이 되었다.

#경제대공황 #이민자어머니의고통 #수요와공급의불균형 #경기 #경기순환

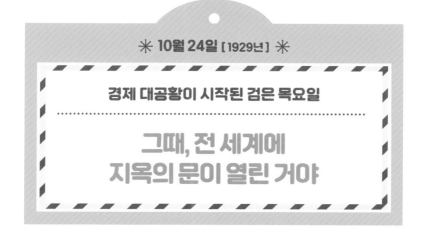

경제 대공황이 시작된 검은 목요일

그때, 전 세계에 지옥의 문이 열린 거야

궁핍에 시달려 한숨짓는 '이민자 어머니'의 얼굴은 1920년대 미국에서 특별한 모습이 아니었습니다. 20세기 이후 세계 최대의 강대국으로 자리 잡았다고는 하지만 대다수 국민이 실업과 굶주림에 시달리고 있었으니까요. 비슷한 시기에 과일 재배로 유명한 캘리포니아에서는 기이한 광경을 볼 수 있었습니다. 농장 주인들이 가치가 형편없이 떨어진 오렌지를 땅에 묻거나 석유를 뿌렸지요. 이처럼 기묘한 광경은 언제, 어떻게 시작됐을까요?

운명의 날은 1929년 10월 24일 목요일이었습니다. 미국 금융시장의 중심지인 뉴욕 월스트리트에서 아침부터 흉흉한 소문이 돌았습니다. 주가지수가 곤두박질친다는 소식이었지요. 오랫동안 상승세를 이어오던 주가가 하루 만에 20% 이상 떨어졌습니다.

생각해보면 이상한 일이었습니다. 1차 세계대전 이후 미국은 세계 최고의 경제력을 자랑하는 나라였으니까요. 전쟁으로 폐허가 된 유럽 국가에 돈을 빌려줄 만큼 풍요를 누렸습니다. 나라 안 공장에서는 기계가 쉴 새 없이 돌아갔지요. 20세기 초부터 공장에 컨베이어 벨트를 도입해 대량생산이 가능해지면서 생산품이 나날이 쌓였습니다. 농업기술이 발달하면서 농작물 생산량도 한창 늘어가던 시기였습니다.

그러나 이런 호황 뒤에는 그림자도 있었습니다. 풍요로워 보이는 겉모습과 달리 노동자들의 임금은 제대로 늘지 않았습니다. 농작물 생산도 늘었지만 정작 농민들에게 돌아가는 몫은 오히려 줄었지요. 아무리 생산량이 많아져도 농산품은 싼값으로 시장에 많이 내놓는다고 해서 수요가 갑자기 늘어나는 상품이 아닙니다. 소비자들은 밀이나 옥수수 등을 자기들이 먹던 만큼만 사니까요. 결국 농민들만 농작물을 헐값에 팔며 손해 보는 사태가 생깁니다.

대량생산은 이루어지는데 사람들의 소득이 늘지 않으면 어떤 일이 벌어질까요? 공장에서 생산한 물건이 넘쳐나도 수요가 따라주지 못하면 물건이 팔리지 않고 쌓입니다. 재고가 쌓이자 기업들이 생산을 줄이면서 일자리를 잃는 이들이 늘었지요. 실업으로 소득이 줄어든 서민들은 더욱더 가난해졌습니다. 대공황의 원인을 놓고 의견이 분분하지만, 수요와 공급의 불균형 때문이라는 분석이 많습니다.

겉으로 화려해 보이던 미국 사회의 문제점이 겹겹이 쌓이다 터진 때가 바로 1929년 10월 24일이었습니다. 주식값이 최악으로 내려앉으면서 증권거래소는 주식을 팔려는 사람들로 북적였습니다. 주가 하락은 증권시장의 문제로 끝나지 않았습니다. 떨어진 주가에 공포를 느낀 사람들은 투자를 멈추었습니다. 주식과 부동산 가격이 떨어지면서 은행들까지 휘청거렸지요. 불안감을 느낀 이들은 예금해둔 돈을 인출하려고 은행으로 달려갔습니다. 사람들이 한꺼번에 돈을 빼가자 은행들이 줄줄이 파산했습니다. 대공황 기간 동안 무너진 은행이 미국에서만 9700여 개에 달했습니다.

악순환이 거듭되면서 대공황의 그림자는 10년 가까이 이어졌습니다. 미국의 경제 상황이 나빠지자 그 여파가 전 세계로 미쳤습니다. 투자자들은 다른 나라에 투자하거나 빌려준 돈을 재빨리 회수해갔습니다. 세계의 공장이라 불리던 미국의 기업과 공장이 멈추면서 다른 나라들도 수출입이 어려워졌지요. 이런 악순환 속에서 전 세계가 경기침체의 늪으로 빠져들었습니다.

자본주의에서는 사회의 경제활동 상황이 일정한 주기로 좋아졌다 나빠졌다를 반복합니다. 이처럼 생산·소비·투자 등 경제활동의 흐름에도 기운이 있는데, 이를 경기景氣라고 합니다. 한 나라의 경기가 활발해질 때와 침체되는 시기를 반복하며 전반적으로 흘러가는 것을 경기변동 또는 경기순환이라고 합니다.

  보통 경기가 좋아서 생산·소비·투자가 활발해지고 사람들의 소득이 늘어나는 시기를 호황기, 반대로 생산·소비·투자가 침체되고 실업률이 높아지며 소득이 줄어드는 시기를 불황기라고 합니다. 우리 기분이 지나치게 들뜨거나 지나치게 가라앉는 게 좋지 않듯이 나라 경기도 마찬가지입니다. 경기가 활발하다 못해 지나치게 과열되면 물가상승이 문제가 되고, 침체되면 실업자가 많아지고 사람들의 소득이 줄어 문제가 됩니다. 이런 상태가 이어지면 국민경제가 큰 충격을 받고 그 여파가 오래가게 마련이지요.

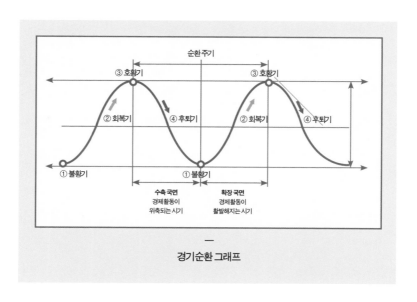

경기순환 그래프

대공황은 자본주의 역사상 인류가 맞닥뜨린 경기침체 중에서도 가장 심각하게 얼어붙은 사건이었습니다. 미국에서는 실업자가 25%에 이르고 보통 사람들 대다수가 무료 급식소에서 식사를 배급받아야 할 만큼 우울한 시기가 이어졌지요. 경제학자들은 시간이 흐르면 이 심각한 경기침체도 시장에 의해 자연스레 해결되리라 믿었지만, 그 믿음의 방향을 바꿔야 할 시기를 맞은 겁니다.

마침내 미국 정부는 시장에 모든 걸 맡겨두면 안 되겠다는 생각에 이르렀습니다. 1930년대에 루스벨트가 이끈 미국 정부는 경제학자 케인스의 주장에 따라 경기침체를 해결하기 위해 뉴딜정책을 실시하며 직접 발 벗고 나섰습니다. 그 뒤로 미국뿐 아니라 전 세계 여러 나라 정부는 경기가 나빠질 경우 경제에 적극적으로 개입하며 역할을 늘려나갔습니다. 따라서 대공황은 전 세계를 경제적 고통에 빠뜨린 사건이자, 정부의 경제적 역할을 확장한 사건이라고 할 수 있습니다.

오늘의 경제 키워드

❖ 경제 대공황 1929년에 미국의 주식가격 폭락과 함께 시작되어 1930년대까지 이어진 심각한 경기침체.
❖ 경기순환 나라 경제가 일정한 주기에 따라 경기상승, 호황, 경기후퇴, 불황의 네 국면을 반복하는 경제변동. 자본주의경제에서 특징적으로 나타난다.

패션 명품 브랜드 시대를 연 대표 기업가 코코 샤넬

샤넬은 프랑스의 복식 디자이너로, 모자 가게에서 출발해 여성복 디자이너를 거쳐 패션 브랜드의 대표 기업가로 발돋움한 인물이다. 샤넬은 짧은 손잡이만 있어서 들고 다녀야 하는 여성들의 가방이 불편하다고 느꼈다. 양손을 자유롭게 쓸 수 있는 가방이 필요하다고 본 그는 군인들의 가방에서 힌트를 얻었다. 1924년, 샤넬은 가방에 줄(스트랩)을 달아 어깨에 멜 수 있게 만들었다. 이것이 플랩백의 시작이었다.

한동안 공백기를 거친 샤넬은 1955년 2월, 이 플랩백을 업그레이드해 새로 출시한 핸드백에 제작한 연월을 따서 2.55라는 이름을 붙였다. 세계적으로 유명한 샤넬 2.55백은 이렇게 탄생했다. 1970년대에 샤넬이 사망한 뒤 샤넬사는 이 백에 회사를 상징하는 로고를 넣고, 클래식백이라는 이름을 붙였다.

#샤넬백 #샤넬백은왜가격이비싸도잘팔릴까 #샤테크 #과시소비
#베블런효과 #베블런의유한계급론

샤넬 플랩백은 우리나라 신문에 종종 오르내리는 비싼 핸드백입니다. 명품 백의 대표 주자로 여겨져, 그 가격이 화제가 되기 때문이지요. 2021년 11월 3일, 샤넬사社는 클래식백 중에서도 미디엄 사이즈 백의 가격을 971만 원에서 1124만 원으로 인상한다고 발표했습니다. 2021년을 기준으로 15년 전에는 300만 원대였던 백이 이제 3배 이상 오른 가격에 팔리게 된 겁니다.

2021년 한 해만 해도 샤넬백은 한국에서 세 차례 가격을 인상했습니다. "샤넬백은 오늘이 가장 싸다"라는 말이 나돌 정도였습니다. 이 명품 백을 미리 사두었다가 가격이 오르면 되팔아 이익을 남긴다는 '샤테크(샤넬＋재테크)'라는 말이 유행어처럼 떠돌기도 했습니다.

샤넬이 이처럼 핸드백 가격을 올릴 수 있는 자신감은 도대체 어디에서 비롯됐을까요?

대체로 어떤 상품의 가격이 오를수록 사람들의 수요가 줄어드는 게 경제학의 기본 법칙입니다. 그런데 희한하게도 이른바 명품 백은 가격을 올려도 찾는 사람이 줄기는커녕 그대로 유지되거나 오히려 늘어나는 경우가 많습니다. 이러한 법칙을 경제학에서는 베블런효과라고 합니다. 미국의 사회학자이자 경제학자인 베블런에게서 비롯된 용어입니다.

소스타인 베블런은 《유한계급론》에서 과시적 소비Conspicuous Consumption라는 개념을 말했습니다. 유한계급은 시간 여유가 있는 계급을 뜻합니다. 자산이나 부가 많아 육체노동을 하지 않아도 되는 부유층을 일컫는 말이지요. 베블런은 이 책에서 "상층계급의 두드러진 소비는 사회적 지위를 과시하기 위해 자각 없이 이루어진다"고 말합니다. 오랜 세월을 거슬러 올라가, 사람들이 부족 단위로 모여 살던 야만사회에서는 사냥을 가장 잘하는 상위계층이 다른 부족을 약탈해 빼앗은 전리품이나 사냥해서 얻은 짐승의 고기를 부족 사람들에게 나눠주었습니다. 이런 과정을 통해 자신의 능력을 뽐내고 존경을 받기 위해서였습니다.

그러나 자본주의사회에서는 이런 약탈 문화가 사라지고 사람들은 점잖아졌습니다. 능력을 과시할 방법이 사라지자 상류층은 다른 계층이 사기 어려운 값비싼 물건을 구매함으로써 경제력을 과시하고 자신의 사회적 능력과 지위를 뽐내게 되었습니다. 주로 고급 향수나 명품 브랜드 가방, 고급 외제 차, 값비싼 귀금속이 이러한 과시적 소비의 대상이 되지요. 이처럼 베블런효과가 나타날 경우 회사 입장에서는 가격을 내리는 것보다 올리는 것이 더 이득이 되기도 합니다. 남에게 과시하려고 사치성 소비를 하는 이들은 값이 싼 상품보다 비싼 상품을 오히려 선호하기 때문입니다.

명품 시장에서는 과시를 위한 베블런효과, 유행하는 상품을 따라 사는 밴드왜건효과, 남들이 모두 사는 흔한 상품을 일부러 구매하지 않으려는 스노브효과가 차례대로 나타나기도 합니다.

처음에는 상류층이 자기 지위를 뽐내기 위해 비싼 명품을 소비합니다. 그리고 나면 상류층의 소비를 본 중산층이나 서민들이 이를 흉내 내어 명품 소비를 시작합니다. 한때 우리나라에서는 특유의 무늬가 박힌 명품 브랜드 백이 큰 인기를 끈 적이 있습니다. 그때 이 명품 백은 길거리를 지나가면 3초에 한 번 볼 수 있을 정도로 많은 사람들이 들고 다닌다고 '3초 백'이라 불리기까지 했습니다.

그런데 이렇게 많은 사람들이 명품을 소비하면 상류층은 해당 명품을 더 이상 과시적 소비의 대상으로 보지 않습니다. 그래서 중산층·서민층과 자신들을 구분하기 위해 이미 대중화한 명품 브랜드를 사지 않으려 하지요. 더 비싼 고급 브랜드 상품을 사면서 다른 계층과의 차별화를 시도합니다. 이 단계에서는 스노브효과가 나타납니다. 그러다가 중산층과 서민들이 상류층의 소비를 또 따라 하여 유행 상품이 되면, 또다시 상류층은 해당 상품을 찾지 않는 숨바꼭질 같은 일이 벌어지는 겁니다.

샤넬의 가격상승 행진은 언제까지 이어질까요? 정답은 알 수 없지만, 2023년 6월 샤넬 클래식백 미디엄 사이즈의 가격은 1400만 원대 이상을 기록했습니다. 가격 상승에 따라 소비자의 불만도 커지고 있습니다.

그러나 SNS와 유튜브가 발달하면서 '보여지는 이미지'가 점점 중요해지고 자신을 과시하는 플렉스 문화가 퍼지는 지금, 베블런 효과가 더욱 심각하게 나타난다고 보는 이들도 있습니다. 최근에는 명품 백의 포장을 뜯고 개봉하는 영상이 인기를 끌고, 고급 자동차나 스포츠를 소비하는 모습을 SNS에서 쉽게 볼 수 있습니다.

오늘의 경제 키워드

❖ 베블런효과 일부 특정 계층의 과시욕 때문에, 가격이 오르는데도 수요는 오히려 늘어나는 현상. 명품 백의 가격이 인상되어도 소비자의 허영심으로 인해 수요가 증가하는 것이 그 예다.

물론 자신의 소비 능력 내에서 구매하는 것은 큰 문제가 없겠지요. 그렇지만, '남에게 보여주기 위해' 과도하게 소비하는 행태는 경제적으로 곤란한 상황을 불러올 수 있습니다. 자신의 욕망이 어디에서 비롯되었는지 들여다보고 소비의 적정한 선을 정하는 태도가 바람직하지 않을까요?

청계천에 있는 평화시장 건너편

버들다리라고 불리는 다리가 놓인 그곳에 가면 한 청년의 반신상이 눈에 띈다.
한눈에 보기에도 앳된 모습의 청년 이름은 전태일, 평화시장 의류공장에서 일하던 노동자다.
1970년 11월 13일, 전태일은 이곳 평화시장 앞에서 자기 몸에
기름을 끼얹고 불을 붙였다. "우리는 기계가 아니다. 근로기준법을 준수하라!"
불길에 휩싸여 죽어가면서 22세의 전태일이 외친 말이었다.
전태일이 불길에 휩싸이던 순간 그의 곁에는 책 한 권이 함께하고 있었다.
근로기준법이 적힌 법전이었다. 하루 8시간의 노동시간을 규정하고,
그 이상 일할 경우 초과근무수당을 주어야 한다는 내용이 담긴 근로기준법.
어느 누구도 지키지 않은 법이 적힌 책과 함께 청년은 숨을 거두었다.

#전태일 #근로기준법 # 근로기준법을준수하라 #최저임금제

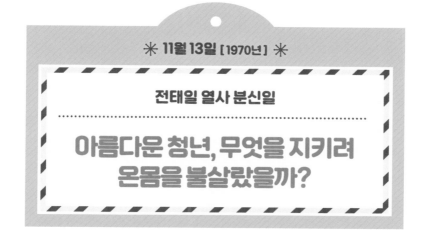

전태일 열사 분신일

아름다운 청년, 무엇을 지키려 온몸을 불살랐을까?

높이가 1.6미터에 불과해 허리를 펴기조차 힘든 공간. 움직일 만한 공간이 부족하고 옷감에서 날리는 먼지로 뒤덮인 차가운 방. 이것이 평화시장에 촘촘히 들어선 의류공장 미싱사들의 작업실이었습니다. 노동자들은 열악한 환경에서 하루에 13~16시간씩 일하다 폐결핵에 걸리거나 위장병을 앓았습니다. 열두세 살 소녀들도 있었습니다. 이들이 하루 14시간씩 일하며 받는 일당은 고작해야 70원이 전부였습니다.

이곳에서 일한 재봉사 전태일도 크게 다르지 않은 노동환경에 놓여 있었습니다. 하루에 14시간씩, 쉬는 날 없이 일주일에 꼬박 7일을 일했습니다. 그러나 일하는 시간이나 노동강도에 비해 쥐꼬

리만도 못한 돈을 받았습니다. 17세에 처음으로 미싱 보조로 취직했을 때 그가 받은 일당은 50원. 재봉사, 재단사로 직급이 올라가면서 차츰 나아지기는 했지만, 하는 일에 견주면 임금은 여전히 턱없이 적었습니다.

어느 날 전태일은 아버지와 대화하다가 우리나라에 근로기준법이라는 것이 있다는 사실을 알게 됩니다. 근로기준법은 노동자의 기본 생활을 보장하기 위해 1953년에 제정한 법이었지요. 이 법에 따르면 노동자들은 쉬는 시간을 제외하고 하루에 8시간을 일해야 합니다. 1주일에 한 번 정도는 쉬어야 하고 급여가 인정되는 휴일이어야 했습니다. 미성년인 근로자에 대한 기준도 있었습니다. 13세 이상 16세 미만 노동자는 하루에 7시간, 1주에 42시간을 초과해 근무할 수 없다는 내용이었지요.

그러나 근로기준법은 이름만 있을 뿐, 아무도 지키지 않는 이상한 현실이었습니다. 청년 전태일은 시간이 날 때마다 근로기준법을 들여다보며 공부했습니다. 부당한 노동 현실에 대항할 꿈을 꾸고 다양한 시도를 이어갔지요. 그는 평화시장 최초의 노동자 모임인 '바보회'를 조직했습니다. 원하는 세상을 위해 바보처럼 온 힘을 다해 싸워보자는 의지를 담은 이름이었습니다. 전태일은 바보회를 이끌며 노동조건을 개선할 방법을 찾고, 평화시장 일대의 근로조건 실태를 조사했습니다. 조사한 근로조건 실태를 서울시청,

노동청, 신문사, 방송국 등에 알리려 시도하고 근로감독관에게 편지를 쓰기도 했습니다.

그러나 전태일의 모든 시도는 번번이 실패했습니다. 시큰둥한 반응이 대부분이었습니다. 평화시장의 열악한 노동환경을 다룬 기사가 신문에 실리긴 했지만, 전태일의 목소리를 잠재우려는 이들의 반대에 부딪혔고요. 결국 전태일은 1979년 11월 13일, 근로기준법을 준수하라고 외치며 자신의 몸에 불을 붙였습니다. "내가 못다 이룬 일을 어머니가 대신 이뤄주세요." 죽어가는 청년이 마지막으로 어머니 이소선 여사에게 남긴 말이었습니다.

전태일의 죽음은 헛되지 않았습니다. 그가 세상을 떠난 뒤 평화시장에 청계피복노동조합이 결성되어 민주노조운동을 전개했습니다. 대학생들이 노동운동에 헌신하는 계기가 되기도 했습니다.

그 뒤로 오랜 시간이 흐른 1986년, 대한민국에서도 드디어 최저임금제도가 제정됐습니다. 전태일은 살아 있을 때 대통령에게 진정서를 보낸 적이 있습니다. 그때 이야기한 내용 하나가 시다공(수습 재봉사)의 일당 70~100원을 50% 인상해달라는 것이었습니다. 1970년 물가연보에 따르면, 당시 일당 100원은 달걀 10개 값 정도의 아주 적은 액수였습니다.

최저임금제도는 이처럼 열악한 조건에 놓이기 쉬운 저임금노동자를 보호하고 최소한의 인간다운 생활을 할 수 있도록 시간당 받아야 할 최저임금을 정한 제도입니다. 노동자는 상대적 약자가 될 수 있는 만큼, 국가에서 임금의 최저한도를 보장해주는 것이지요. 기업을 대표하는 사용자 측과 노동자 측, 공익위원이 해마다 모여 최저임금을 결정합니다.

1988년에 최초로 시행된 최저임금은 시간당 475원이었습니다. 임금과 물가상승률을 감안해 그 액수가 꾸준히 증가해서 2023년에는 최저임금이 9620원으로 결정되었습니다. 최저임금을 정할 때마다 노동자와 기업주의 이익이 각각 엇갈려서 결정하기 어려울 때도 많습니다. 사용자 쪽에서는 최저임금을 너무 높게 올리면 기업 운영에 돈이 많이 든다며 반대하는 경우가 많습니다. 노동자 쪽에서는 최저임금을 일정한 수준 이상 올려야 노동자의 기본 생활이 보장된다고 이야기합니다. 노동자의 생활이 안정되고 주머니가 넉넉해야 이들이 소비를 늘리고, 그래야 기업도 생산을 늘리고 경제가 성장할 수 있다고 말하지요.

오늘의 경제 키워드

❖ **최저임금제** 저임금을 받는 근로자를 보호하기 위해 국가가 법으로 임금 최저액을 정하는 제도.

최저임금제를 둘러싼 논의는 분분합니다. 그러나 최저임금 인상이 단순한 임금인상이 아니라, 최저임금조차 받지 못하는 일부 노동자들이 사람답게 살 수 있게 하는 방법이라는 점을 잊어서는 안 됩니다. 나아가 최저임금제 때문에 경영이 어렵다고 호소하는 중소기업, 영세자영업자들의 상황이 부의 불공정한 분배, 대기업 위주의 경제구조에서 비롯된 것은 아닌지 생각해볼 필요가 있습니다.

20세기 초에 찍힌 잔혹한 야만의 증거

♡ ◯ ⊿

사람들의 손목 아래쪽이 모두 잘려 있다. 이 사진들에는 무슨 사연이 담겨 있을까?
사진 속 사람들은 중앙아프리카 콩고 지역에 살던 원주민이다.
이들이 손목을 잘린 이유는 단 하나, '고무를 충분히 채취하지 못한 것' 때문이었다.
20세기 초에 이 지역은 벨기에의 식민지였다. 벨기에인들은 식민지인
아프리카 콩고분지에 고무 농장을 만들어 콩고 원주민들을 부려먹었다.
고무 채취 할당량을 채우지 못하면 원주민들의 목숨을 빼앗았고,
이들을 처형한 백인 용병에게는 콩고 원주민의 시신에서 손을 잘라
증거로 가져오게 했다. 총이 오발된 경우에는 살아 있는 원주민의 손목을 잘랐다.
이렇게 잘라낸 손이 용병들의 성과로 평가받으면서, 잘린 손을
바구니 가득 담아 다니는 이들도 있었다고 한다. 벨기에인들이 저지른 만행은
독점자본주의의 가장 끔찍한 역사 중 하나로 기록되어 있다.

#콩고인의비극 #베를린회의 #콩고분지조약 #독점자본주의 #제국주의 #벨기에의만행

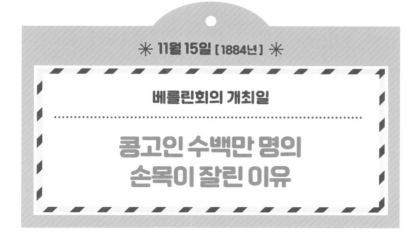

베를린회의 개최일

콩고인 수백만 명의
손목이 잘린 이유

1884년 11월 15일, 유럽과 미국, 오스만튀르크 등 14개 국가의 대표들이 베를린에 모였습니다. 아프리카를 어떻게 '평화적으로' 나누어 다스릴지 논의하기 위해서였지요. 당시 매력적인 식민지였던 아프리카 땅을 조금이라도 더 차지하려고 기를 쓰던 강대국들은 곳곳에서 충돌하고 있었습니다. 이 문제를 해결하고자 강대국들은 11일에 걸친 회의를 시작했습니다.

유럽 국가들이 아프리카 땅에 관심을 쏟게 된 계기는 무엇일까요? 독점자본주의라는 단어에 그 답이 있습니다.

17세기 이후, 산업혁명을 통해 싹튼 자본주의는 자유로운 경쟁을 중요시했습니다. 정부가 간섭하지 않고 내버려둘수록 기업은 자유롭게 경쟁하고, 더 값싸고 좋은 상품이 만들어지면서 경제가 활발하게 돌아가 국가의 부가 쌓일 거라고 생각했기 때문입니다. 애덤 스미스가 《국부론》에서 주장한 자유방임주의를 따른 거지요.

그러나 이론과 달리 현실에서는 자유롭고 공정한 경쟁 질서가 무참히 깨어지는 일이 빈번했습니다. 소수의 자본가들이 자유경쟁 시대를 맞아 막대한 자본을 축적하고 새로운 기업들의 시장 진입을 막았습니다. 거대해진 기업들이 많은 상품을 대량으로 생산해 더 낮은 가격에 팔았는데, 이 과정에서 작은 기업들은 무너지고 말았습니다. 약육강식의 세계에서 살아남은 거대 기업은 작은 기업들을 병합하면서 더욱 규모를 키워갔고, 그 결과 독점자본이 탄생했습니다.

기술 발달로 생산량이 더욱 늘어나자 독점자본은 자국 안에서 상품을 사고파는 것만으로는 부족함을 느꼈습니다. 그래서 상품 원료를 싼값에 대량으로 들여오고, 자신들이 생산한 상품을 대규모로 팔 수 있는 시장으로 눈을 돌렸습니다. 서구의 독점자본은 일석이조의 효과를 노리며 아프리카와 아시아 등을 식민지로 삼는 데 심혈을 기울였습니다. 여기에 더해 식민지에서 값싼 노동력을 노예로 들여오거나 활용할 수도 있었으니 일석삼조라고 생각했지요. 이처럼 19세기에 강대국의 독점자본 세력이 아프리카, 아시아 지역 국가들을 침략해 식민지로 삼고 자원과 노동력을 값싸게 빼앗아 착취하던 세계사의 흐름을 제국주의라고 합니다.

　유럽과 미국 등 강대국의 독점자본 세력이 앞다투어 식민지를 늘리려 하다 보니 다툼이 잦아졌습니다. 특히 아프리카 중부, 콩고강 유역의 분지를 두고 첨예한 갈등이 빚어졌습니다. 1881년에 벨기에의 왕 레오폴드 2세는 이 콩고분지를 개인 식민지로 삼았습니다. 뒤이어 프랑스도 아프리카 중부에 식민지를 건설했고요. 이 각축전에 영국까지 끼어들면서 중앙아프리카 지역은 유럽 국가들의 땅따먹기 싸움의 주요 대상이 되었습니다. 이를 중재해야겠다고 생각했는지, 1884년 11월 15일 독일의 재상 비스마르크가 베를린회의를 열어 유럽 각국의 대표들을 모았습니다.

　며칠 동안 이어진 회의에서 '콩고분지조약'이 조인되고, 콩고분지 일대는 결국 레오폴드 2세의 사유지가 되었습니다. 이미 식민지를 건설한 프랑스도 인정받았습니다. 대신에 아직 소유권이 정해지지 않은 곳은 실질적으로 점령하고 있다는 실효적 지배를 하는 국가의 손을 들어주기로 했습니다. 그리고 국가 간에 분쟁이 생기면 백인들끼리 싸우지 않고 명예롭게 합의하기로 하면서 위도와 경도 중심의 일직선으로 경계를 나누기로 결정했습니다. 이 결정은 아프리카 대륙의 운명에도 영향을 주었습니다.

　국가들 사이의 국경선은 대체로 산맥이나 큰 강 같은 자연 지형을 기준으로 만들어지기 때문에 곡선으로 나타납니다. 그러나 베를린회의의 영향으로 강대국들은 아프리카에서 식민지 다툼이 일어날 때마다 남의 땅인 아프리카에 일직선을 그었습니다. 이 때문에 아프리카 주요 국가의 국경선은 일직선이 되었고, 자연 지형이나 문화권을 고려하지 않은 국경선으로 인해 같은 종족이 서로 다른 나라로 갈라지기도 했으며, 경제적 자원을 제대로 활용하지 못하게 되었습니다.

서구 열강에서 해방된 이후에도 비극은 이어졌습니다. 아프리카는 자원이 풍부한데도 제대로 활용해 가난에서 벗어날 기회를 얻지 못합니다. 식민지 시기에 형성된 대농장에서 생산하는 작물과 광물자원을 서구 국가에 헐값으로 팔아 겨우 연명하고 있습니다. 현재까지 이어지고 있는 아프리카의 가난은 서구의 식민지 지배에서 비롯되었다고 볼 수 있습니다.

베를린회의의 결정 때문에 콩고 일대는 크나큰 고통에 휩싸였습니다. 유럽의 비교적 작은 나라 벨기에의 식민주의자들은 상아와 천연고무 채취에 열을 올렸습니다. 특히 당시에는 자전거와 자동차용 바퀴가 널리 쓰이면서 고무 수요가 기하급수적으로 늘었는데, 더 많은 고무를 얻으려는 식민주의자들 때문에 원주민들은 냉혹한 상황에 놓였습니다.

벨기에 식민주의자들은 고무 채취 할당량을 채우지 못하는 원주민들의 손발을 모두 잘랐습니다. 학살도 이어졌습니다. 미국 작가 애덤 호크실드의 책《레오폴드왕의 유령》을 보면 벨기에가 이 지역에서 학살한 원주민은 거의 1000만 명에 달한다고 합니다. 레오폴드 2세가 콩고를 착취해서 올린 수익이 현재 가치로 11억 달러(약 1조 1000억 원)나 된다는 이야기도 있습니다. 끝없이 팽창하던 독점자본의 야욕은 결과적으로 아프리카의 비극을 불러왔고, 유럽 강대국들의 땅따먹기 싸움은 1차 세계대전으로 이어지게 됩니다.

베를린회의 개막 당일 유럽 언론들은 아프리카를 나누기 위해 총칼로 싸우지 않고 회의를 통해 대화하는 것을 두고 '인간 정신의 승리'라고 찬양했습니다. 그러나 당사자인 아프리카 원주민들을 제외한 채 강대국들끼리만 모여 협의한 것을 과연 '인간'다운 회의라고 할 수 있을까요?

오늘의 경제 키워드

❖ **독점자본주의** 19세기부터 20세기 초까지 소수의 거대 독점기업이 시장을 지배한 자본주의의 발달 단계. 독점자본주의 아래에서 거대 기업은 상품에 제멋대로 높은 가격을 매겨 초과이윤을 얻을 수 있다.

❖ **제국주의** 강대국이 원료 생산지와 상품시장을 얻기 위해 우월한 군사력과 경제력으로 식민지를 넓히는 역사적 흐름. 독점자본주의의 발달로 19세기 중엽부터 1차 세계대전까지 미국·독일·이탈리아·일본 등의 제국주의 국가가 아시아·아프리카 등을 식민지로 지배하고 착취를 일삼았다.

감자칩의 인기가 한 해를 강타하다

2014년, 어느 제과회사에서 달콤하면서도 짭짤한 감자칩을 출시했다.

이 맛이 입소문을 타고 선풍적인 인기를 끌었다.

이 감자칩은 불과 석 달 만에 100억 원이 넘는 매출을 올렸다.

온라인 중고마켓에는 이 과자를 본래 가격의

열 배가 넘는 값으로 내놓는다는 게시물까지 올라왔다.

이 놀라운 인기 행진은 어떻게 시작됐을까?

이런 열풍은 오로지 감자칩의 맛 그 자체 때문에 시작된 것일까?

#밴드왜건효과 #모방소비 #네트워크효과 #스노브효과 #내욕구는어디에서왔을까

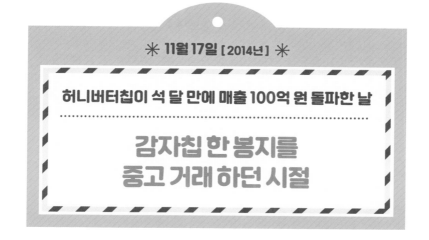

허니버터칩이 석 달 만에 매출 100억 원 돌파한 날

감자칩 한 봉지를
중고 거래 하던 시절

2014년, 사람들이 감자칩 한 봉지를 사기 위해 편의점이나 마트를 샅샅이 찾아보는 모습이 심심치 않게 눈에 띄었습니다. 짭짤하면서 달콤한 맛을 앞세운 허니버터칩을 사려는 사람들이었습니다. 어렵사리 이 감자칩 한 봉지를 구한 사람들은 SNS에 인증샷을 올렸지요.

허니버터칩이 이제껏 사람들이 알지 못하던 새로운 맛을 보여줬다는 사실만큼은 분명합니다. 그런데 이 맛에 반해 찾는 이들도 있었지만, '남들이 모두 사 먹으니 나도 먹어야겠다'는 심리로 허니버터칩을 찾는 소비자도 많았습니다. SNS의 인증샷이나 입소문이 그 인기몰이에 한몫을 했습니다. 한마디로 남을 따라 하는 심리가 수요를 늘린 격인데, 경제학에서는 이러한 소비심리를 편승효과 또는 영어로 밴드왜건효과라고 일컫습니다.

밴드왜건은 본래 미국의 서부 개척 시대에 길거리를 돌아다니던 악대차를 말합니다. 그 무렵에는 금광을 캐면 부자가 될 수 있다고 선전하는 악대차를 별 생각 없이 따라가는 사람이 많았다고 합니다. 아무런 비판의식 없이 남을 따라 하는 소비 행태를 밴드왜건이라 이름 붙인 데에는 이런 배경이 있습니다. 소비자들이 자기만의 취향이나 주관 없이 타인을 따라 어떤 상품을 사는 이 현상을 우리말로는 '모방 소비'라고 표현하기도 합니다.

—
1880년대의 밴드왜건

우리나라에서 유행을 선도하며 인기를 끈 상품들을 살펴보면 밴드왜건효과의 예를 어렵지 않게 찾을 수 있습니다. 2000년대 중반에 어느 아웃도어 패션 기업의 패딩 점퍼가 전국의 중고생들에게 인기를 끌었습니다. 부모님을 졸라 무리해서 이 비싼 점퍼를 사는 청소년도 많았는데, 이 때문에 부모님의 등골을 휘게 만든다는 뜻에서 '등골 브레이커'라는 별명이 붙기도 했지요. 2022년에는 포켓몬 캐릭터 스티커가 들어 있는 포켓몬빵이 큰 인기를 끌었습니다. 편의점마다 포켓몬빵을 구하려고 사람들이 줄을 서 있는 모습, '포켓몬빵 품절'을 알리는 종이가 나붙는 등의 진풍경을 볼 수 있었습니다. 모두 밴드왜건효과의 영향을 잘 보여주는 광경입니다.

기업들은 밴드왜건효과를 이용해 상품판매 전략을 세우기도 합니다. 가끔 홈쇼핑 채널을 보면 화면에 '매진 임박'이라는 문구가 깜박이곤 합니다. 다른 소비자들이 앞다투어 해당 물건을 사고 있다고 느끼면 시청자들은 마음이 급해집니다. 늦기 전에 구매를 서둘러야겠다는 심리가 발동하지요. 요즘에는 SNS의 영향력이 커지면서 이를 이용한 바이럴마케팅도 많아졌습니다. 영화나 드라마, 음악의 경우에도 입소문이 중요하기 때문에 SNS나 커뮤니티 게시판에 '누가 들어봤는데(관람했는데) 좋다더라' 식의 이야기를 퍼뜨리는 마케팅 기법을 쓸 때가 많습니다.

미국의 경제학자 하비 라이벤스타인은 밴드왜건효과처럼 소비자들이 상품을 독자적으로 선택하지 않고 타인의 상품 구매에 영향을 받아 소비하는 현상을 네트워크효과ᴺᵉᵗʷᵒʳᵏ ᴱᶠᶠᵉᶜᵗ라고 이름 붙였습니다. 네트워크효과가 나타나면 상품이나 서비스 자체의 품질보다 얼마나 많은 사람들이 이 상품을 사용하고 있는지가 더 중요해집니다.

네트워크효과 중 하나로 밴드왜건효과와 스노브효과(속물효과)를 들 수 있습니다. 스노브효과는 밴드왜건효과와 반대로 많은 소비자들이 사용하는 상품을 일부러 꺼리는 소비 행태를 말합니다. 두 현상은 서로 반대된다고 볼 수 있지만, 한 가지 공통점이 있습니다. 모두 상품의 품질이나 구매자 자신의 만족도를 기준으로 하는 것이 아니라 타인의 소비를 기준으로 한다는 점입니다.

밴드왜건효과처럼 타인의 소비를 따라 하는 것은 긍정적인 측면도 있습니다. 다른 사람들이 만족한 구매를 따라 하는 만큼 안전한 소비라고 볼 수 있지요. 그렇지만 다른 사람들의 구매 만족도가 높다고 해서, 인기 있는 제품이라고 해서, 나에게도 만족도가 높은 상품일지는 생각해볼 일입니다.

자신의 필요나 욕구에 따라 이루어지는 소비는 웬만큼 만족감이 들면 스스로 멈출 수 있습니다. 그러나 타인을 모방하는 소비는 유행이나 소비 경향에 따라 또 다른 욕망이 생기기 때문에 완벽하게 채워지기가 어렵습니다. 등골 브레이커라 불린 패딩 열풍처럼 필요 이상의 과소비를 하게 될 가능성도 커집니다. 특히 SNS나 온라인 쇼핑이 발달한 요즘 같은 시대에는 타인의 시선이나 유행에 따른 구매 욕구가 샘솟기 쉽습니다. 이런 때일수록 나 자신의 필요와 욕구를 중심에 둔 소비를 생각해봐야 하겠습니다.

오늘의 경제 키워드

❖ **밴드왜건효과** 다른 사람들이 소비하는 것을 별다른 생각 없이 따라 구매하는 행위를 이르는 말. 모방소비의 결과로 나타나며, 편승효과라고도 한다.

❖ **네트워크효과** 소비자들이 다른 사람들의 상품 구매에 영향을 받아 소비하는 현상. 타인의 소비를 따라 하는 밴드왜건효과, 반대로 타인이 소비하는 상품을 일부러 사지 않는 스노브효과 등이 이에 해당한다.

평범한 페트병 하나

대다수 사람들에게 페트병은 생수나 음료수를 담는 작은 용기다.

그러나 미국 최대의 전자상거래 기업 아마존 노동자에게는 볼일을 해결하는 도구였다.

아마존 노동자에게는 화장실도, 화장실에 갈 시간도 충분하지 않았기 때문이다.

2021년, 미국의 한 국회의원이 "아마존은 노동자들이 페트병에 소변을 보게 하고 있다"고

밝혔다. 아마존은 공식 SNS를 통해 "이게 사실이라면 아무도 우리를 위해 일하지 않을 것"

이라고 반박했지만, 진실이라는 증거가 나오자 바로 사과했다.

미국 최대의 온라인 쇼핑몰 아마존의 열악한 노동환경, 어디에서 비롯됐을까?

#블랙프라이데이 #아마존노동자파업 #플랫폼노동 #프레카리아트

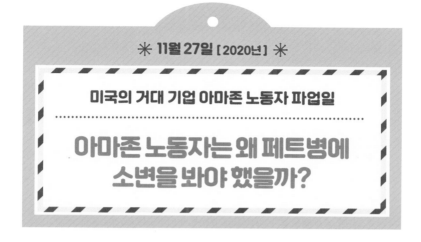

미국의 거대 기업 아마존 노동자 파업일

아마존 노동자는 왜 페트병에 소변을 봐야 했을까?

　　매년 11월 마지막 목요일(추수감사절) 다음 날인 금요일부터 크리스마스와 새해로 이어지는 휴가 시즌까지, 미국의 상점과 쇼핑몰은 수많은 사람들로 북적입니다. 추수감사절 다음 날부터 1년 중 규모가 가장 큰 할인 행사가 벌어지기 때문이지요. 이 시기를 블랙프라이데이라고 부릅니다.

　블랙프라이데이는 미국뿐 아니라 전 세계 사람들이 기다리는 할인 기간이 되었습니다. 이 기간에 세계 최대 규모의 전자상거래 업체인 아마존에서 대규모 할인 행사를 벌이기 때문입니다. 11월 말이 되면 우리나라 소비자들도 '직구(직접 구매)를 위한 팁' 등을 열심히 검색합니다. 필요한 물건을 저렴한 값에 살 수 있는 좋은 기회이니까요.

블랙프라이데이는 아마존에도 매출을 올릴 수 있는 절호의 기회입니다. 아마존은 쇼핑 대란에 맞춰 이 시기에만 일시적으로 일할 사람을 모읍니다. 임시 인력을 모집하는 아마존의 이 프로그램을 캠퍼포스CamperForce라고 합니다. 주로 중산층으로 살다가 몰락해 집을 잃고 떠돌아다니는 은퇴 노인이 많습니다. 이런 노인들이 캠퍼포스에 참여해 상품 바코드를 스캔하고, 물품을 분류해 택배 상자에 담는 일을 합니다. 시간당 15달러(약 1만 8000원)와 초과근무수당, 주간 급여, 캠핑장 비용, 전기요금 등을 받으면서 쪼그려 앉았다가 일어서기를 반복하며 하루에 10~12시간씩 고된 노동을 하지요.

연말연시 특수가 끝나면 이들은 캠프를 떠나야 합니다. 정식으로 고용된 직원이 아니기 때문입니다. 블랙프라이데이라는 쇼핑 행사 뒤에는 수많은 물품을 나르고 싣는 이들의 노동이 숨어 있습니다.

임시직이 아닌 아마존 정직원들의 사정은 다를까요? 2021년 미국에서 열린 청문회에 아마존 물류센터 직원이 나타났습니다. 그는 하루 10시간 넘게 일하는 물류센터 직원들의 휴식시간이 고작 30분이라고 폭로했습니다. 축구장 10배 크기인 작업장에서 일하다 화장실에 다녀오면 이 짧은 휴식시간마저 끝나는데, 작업시간을 못 지키면 해고당하거나 질책당한다는 이야기도 덧붙였습니다.

노동환경이 이렇게 열악한데도 아마존에는 오랫동안 노동조합이 없었습니다. 이에 2020년 11월 28일, 아마존에서 일하는 15개

나라 노동자들이 블랙프라이데이를 맞아 연대 파업을 하고 항의시위를 벌였습니다. 임금을 인상하고 노동환경을 개선해달라고 소리 높여 외쳤지요. 이탈리아에서는 아마존 직원들이 배송 상자를 불태우며 항의시위를 벌이기도 했습니다.

열악한 노동환경은 해외 기업 아마존만의 이야기가 아닙니다. 우리나라의 어느 인터넷 쇼핑몰도 노동자들의 안전을 전혀 신경 쓰지 않는다는 이유로 한동안 소비자들이 불매운동을 벌이기도 했지요. 아마존 같은 전자상거래 업체에서 일하는 사람들 외에 우버, 에어비앤비, 배달 앱 등을 통해 일하는 사람들의 노동환경은 대체로 열악합니다. 대다수가 사업체에 정규직으로 고용되어 있지 않고 플랫폼 기업의 중개를 받아 일하는 자영업자 또는 '개인사업자'여서 노동자가 아닌 겁니다. 이 사실이 중요합니다.

회사에 정규직으로 고용된 노동자들은 근로기준법에 따라 보호받을 수 있습니다. 하루에 정해진 정규 노동시간, 초과근무를 했을 때 받는 수당 등이 법으로 정해져 있고, 일하다 다치면 병원 치료를 받을 수 있는 산업재해보험 등에 가입되어 있을 가능성이 크지요. 이 법을 근거로 노동자들은 자신의 권리를 주장할 수 있습니다. 그러나 임시직 노동자나 개인사업자는 회사에 정식으로 고용된 것이 아니기 때문에 이런 혜택을 받지 못합니다. 자기가 열심히 뛰는 만큼 돈을 벌 수 있는데, 이것이 그대로 생계유지를 위한 소득이 되기 때문에 부당한 일을 당해도 항의하지 못하고 넘어가는 경우가 많습니다. 게다가 일을 소개받은 만큼 플랫폼 기업에 수수료를 내야 합니다.

플랫폼 노동자는 추운 날씨와 무더위에도 쉴 새 없이 일해야 하기 때문에 노동 환경이나 조건이 좋지 않습니다. 예컨대 배달 라이더의 경우는 주로 인공지능 배차 시스템에 따라 일을 맡으며, 일을 얼마나 하느냐에 따라 수입이 결정됩니다. 화장실에 잠깐 들러도 배달 요청이 줄기 때문에 제대로 쉴 수가 없습니다. 오토바이로 빨리 배달하느라 교통신호를 위반하기까지 하니 안전에도 문제가 있지요. 이렇게 일하다 다쳐도 근로계약서를 쓰지 않은 '특수형태근로종사자'로 분류되는 탓에 법의 보호를 제대로 받기 힘듭니다.

불합리한 현실에 맞닥뜨린 플랫폼 노동자들에게 좀 더 노력해 좋은 일자리를 찾아보라고 잔소리하는 이들이 있을지 모릅니다. 스스로 선택해서 구한 직장이니 받아들여야 한다고 주장할 수도 있지요. 그러나 플랫폼 기업이 힘을 키워가고 사람의 일을 기계가 대신할수록, 법으로 보호받는 정규직은 줄어들고 임시 계약직이나 프리랜서 형태로 일하는 사람들이 늘어날 가능성이 높습니다. 예를 들면 주로 플랫폼을 통해 다른 사람의 아이나 개를 돌봐준다든가 글을 대신 써준다든가 배달하는 등의 직업이 늘어날 겁니다.

프리랜서니까 그만큼 시간이 여유롭고 자유로운 생활을 누릴 거라 생각할 수도 있습니다. 그러나 자세히 살펴보면 어디에도 소속되지 않기 때문에 보호받지 못하고 저임금으로 살아가야 하는 사람들이 늘어날 수 있다는 이야기도 됩니다.

영국의 경제학자 가이 스탠딩은 이렇게 불안정한 일자리 때문에 가난을 벗어나기 힘든 계층을 '프레카리아트'라고 일컬었습니다. '불안정하다'라는 뜻의 이탈리아어 '프레카리오precario'와 생산 수단을 소유하지 못한 노동계급을 뜻하는 독일어 '프롤레타리아트proletariat'를 합성한 말로, 보통 파견직이나 용역직 등 비정규직 노동자, 실업자, 노숙인 등을 가리킵니다. 이러한 불안정한 노동에 놓인 이들은 신자유주의 아래에서 늘어났는데, 앞으로 플랫폼 기업이 지배하는 세상이 되면 더 늘어날 것으로 보입니다. 정규직 일자리가 점점 사라지는 이 시대에 프레카리아트는 불합리한 현실을 암시합니다.

오늘의 경제 키워드

❖ **플랫폼 노동** 웹사이트나 스마트폰 앱 등 온라인 플랫폼을 이용해 일하는 것. 배달 라이더, 대리운전 기사, 반려동물 돌보미, 가사도우미 등 다양한 일이 있으며, 소비자와 노동자가 인터넷 중계 플랫폼 안에서 만난다.

❖ **프레카리아트** 저임금과 경제적 불안정에 시달리는 새로운 노동계급. 신자유주의경제에서 급격히 늘어났으며, 플랫폼 기업이 이끄는 경제체제에서 더욱 늘어날 것으로 전망된다.

금, 금, 금!

1997년, 결혼반지와 돌반지, 장롱 속에 숨겨뒀던 금을 갖고 사람들이 모여들었다.
운동선수들은 금메달까지 내놓았다. '금 모으기 운동'이 한창이던 그 시기에
대한민국 곳곳에서 볼 수 있는 풍경이었다.
나라 곳간이 거덜 나 큰 빚을 지고 경제위기가 오자
국민들은 나라를 살리겠다는 일념에서 바로 이 금 모으기 운동을 벌였다.
운동 결과 약 227톤, 21억 3000만 달러어치의 금이 모였다.
사람들의 애국심을 보여준 이 운동은 IMF 외환위기 때문에 시작되었다.

#IMF외환위기 #국제통화기금 #외환보유고 #금모으기운동

IMF 구제금융 발표일

그때는 다들
웃는 게 웃는 게 아니었대!

1997년 11월 21일, 임창열 경제 부총리가 특별 기자회견을 열었습니다. 충격적인 내용이 발표되었습니다. 나라 빚은 총 1500억 달러가 넘는데 우리가 가진 외환보유고(다른 나라에 돈을 갚거나 비상사태에 대비해 준비해놓는 외화 자산)는 40억 달러가 채 안 되며, 이 때문에 우리 정부가 국제통화기금International Monetary Fund, IMF에 자금 지원을 요청하기로 했다는 내용이었습니다.

12월 3일, IMF는 우리나라에 대한 구제금융(기업이나 국가가 도산하는 것을 막기 위해 금융기관이 정책적으로 자금을 빌려주는 일)을 승인하고 210억 달러를 지원했습니다. 뿐만 아니라 국제부흥개발은행, 미국, 일본, 독일 등 다른 나라에서도 달러를 빌려주었습니다. 대한민국은 국가 부도를 막은 대신에 공식적으로 큰 빚을 진 나라가 되었습니다. 달러가 부족해 구제금융을 받을 수 있다는 사실에 국민들은 충격을 받았습니다.

나라가 그 지경이 된 데에는 여러 가지 이유가 있었습니다. 우리나라 기업들이 기술개발을 바탕으로 성장하기보다 문어발식으로 투자하며 계열사를 늘린 것이 중요한 원인 중 하나였지요. 이때 금융기관에서 돈을 빌렸는데, 이 돈은 금융기관들이 해외에서 빌려와 구한 자금이었습니다. 그 무렵 무리하게 돈을 빌려 사업을 벌이던 대기업은 경영이 어려운 상황에 놓이기도 했습니다. IMF 구제금융 발표 이전에 이미 몇몇 기업이 쓰러지며 위험한 조짐을 보이고 있었지요.

해외에서 비롯된 위기도 원인이 되었습니다. 당시 선진국 투자자들은 아시아의 높은 금리와 경제성장에 이끌려 투자와 대출을 적극적으로 해주고 있었습니다. 그런데 태국·인도네시아를 비롯한 동남아시아 국가들이 부도 위기를 맞는 등 외환위기에 빠졌습니다. 국제 투자자들은 아시아가 불안하다는 생각에 다른 아시아 국가에서도 투자자금을 회수하기 시작했습니다. 우리나라 금융기관이나 기업에 돈을 빌려주고 투자하던 외국 금융기관들도 달러를 한꺼번에 되찾아갔습니다. 이 때문에 외환보유고가 바닥나면서 우리나라가 부도 위험을 맞게 된 겁니다.

부도는 간신히 막았지만 후폭풍이 거셌습니다. IMF는 우리나라에 지원금을 대주는 대신 가혹한 경제구조 조정을 요구했습니다. 은행과 금융기관의 이자율을 올리고 부실한 기업을 정리하고 금융시장을 개방하라는 요구가 이어졌습니다. 은행 금리가 10%에서 30%대로 치솟았고, 돈을 빌린 기업은 줄줄이 무너졌습니다. 우리나라 30대 대기업 중 16개 회사가 그 시기에 사라졌고, 은행도 파산했습니다. 살아남은 기업들은 몸집을 줄이고 직원들을 정리해고 했습니다.

구조조정의 영향은 서민들에게 고스란히 전해졌습니다. 10가구 중 4가구 이상이 실직이나 부도를 겪었고, 일자리를 잃은 국민들은 충격에 휩싸였지요. 직장에서 해고당한 사실을 가족에게 차마 알리지 못하고 양복을 입은 채 산에 가서 시간을 보내다가 귀가하는 가장들의 쓸쓸한 모습도 볼 수 있었습니다.

이렇게 어려운 상황에서 대한민국 국민들의 힘을 보여준 것이 금 모으기 운동입니다. 국민들은 나랏빚을 직접 갚아 나라를 살리자는 일념으로 소중히 간직해두었던 금을 내놓았습니다. 국산품을 애용하자는 흐름도 생겨나, 미국 코카콜라 대신에 독립을 상징하는 '815콜라' 등이 인기를 끌기도 했습니다.

다행히 우리나라는 IMF 사태 이후 경제를 빠르게 회복했습니다. 외환보유고가 다시 채워지고, 1999년 말에는 135억 달러를 갚았지요. 2001년에는 빌린 돈을 모두 갚음으로써 구제금융을 신청한 지 불과 3년 8개월 만에 'IMF 조기졸업'을 했습니다. 2004년까지 상환하기로 한 채무를 3년 만에 모두 갚은 것입니다.

IMF 외환위기는 위기 극복과 해피 엔딩으로 끝난 듯하지만, 반드시 그렇지만은 않습니다. 이전에는 한 회사에 정규직으로 취업하여 평생직장을 다닌다는 생각이 강했습니다. 그러나 IMF로 대량 해고가 버젓이 이루어지고 비정규직이 늘면서 평생직장이라는 개념이 점차 사라지고 근로 여건의 안정성도 낮아졌습니다. 안정적인 직장을 선호하는 추세 속에 IMF 이후로는 공무원·교사 같은 직업이 인기가 높아졌지요.

사회 분위기도 전체적으로 바뀌었습니다. 외환위기 때 직장에서

오늘의 경제 키워드

❖ IMF(국제통화기금) 1947년에 전 세계 각국의 통화 협력과 환율 안정을 위해 설립한 국제 금융 결제 기관. 주로 다른 나라와 거래에서 적자가 쌓여 외화가 부족한 나라에 단기로 자금을 대주어 세계경제를 안정시키고 국제무역을 증진하는 역할을 한다.

❖ IMF 외환위기 1997년 12월, 우리나라가 국가 부도 위기를 맞아 국제통화기금에서 자금을 지원받은 사건. 지원받은 돈은 2001년에 모두 갚아 위기를 벗어났지만, 이때 이루어진 구조조정, 시장 규제·축소, 민영화, 비정규직 증가 등이 우리 사회에 큰 영향을 미쳤다.

❖ 외환보유고 한 국가의 정부나 중앙은행 또는 기업이 갖고 있는 외화 합계액. 다른 나라 정부 또는 금융기관에 돈을 갚아야 하거나 비상사태에 대비해 준비해놓는 외화자산이다.

해고되거나 기업의 부도로 중산층이 무너지면서 사회가 양극화했다는 분석이 있습니다. 중산층은 본래 상류층과 빈곤층 사이에서 갈등을 완화하고 안정을 유지해주는 중요한 역할을 합니다. 중산층이 두터울수록 사회가 사회경제적으로 안정될 수 있는데, 이 중산층이 무너져버리면서 사회 전체의 갈등이 커졌습니다. 성공적으로 졸업했다고는 하지만, IMF 구제금융이 남긴 상처와 흔적은 지금도 우리 사회 곳곳에 남아 있습니다.

새하얀 눈으로 뒤덮인 알프스산맥

알프스산맥에는 1년 내내 멋진 만년설을 감상하며 스키를 즐길 수 있는 리조트가 많다. 그런데 언제부터인지 스키장의 절반 이상이 인공 눈으로 뒤덮여 있다고 한다. 스위스케이블협회의 발표에 따르면, 스위스에서는 슬로프를 덮은 인공 눈의 비중이 2005년 20% 미만에서 2014년에는 약 50%에 달하는 수준으로 늘었다.

인공 눈이 늘어나는 이유는 최근 몇 년에 걸쳐 겨울이 따뜻해지면서 겨울에 내리는 눈의 양이 줄었기 때문이다. 여름에는 40°C가 넘는 폭염이 이어지면서 아예 문을 닫는 스키장도 늘었다. 등산로도 위험해 폐쇄되었다. 바위 같은 산악 지형을 단단히 고정하던 빙하가 녹아서 산사태와 눈사태의 위험이 커지기 때문이다. 알프스 눈 부족 사태의 범인은 결국 기후변화라고 볼 수 있다.

#지구온난화 #파리기후협약 #기후변화가경제에미치는영향 #기후변화 #기후위기

파리기후변화협약 채택일

지구 온도가 2℃ 오르면 경제가 붕괴된다는데!

불과 10여 년 전쯤 지구온난화 관련 공익광고에는 북극곰이 등장했습니다. 녹는 빙하에 발을 겨우 의지한 채 위태롭게 서 있는 북극곰의 모습은 안타까움을 자아냈습니다. 그러나 이런 장면을 보고 사람들이 느끼는 경각심은 한순간에 불과했습니다. 아무리 북극곰이 가여워도 먼 곳의 이야기였으니까요.

그러나 이제 지구온난화와 기후변화는 머나먼 곳의 얘기가 아니라 우리 눈앞의 현실로 닥쳤습니다. 지구온난화란 대기 중에 이산화탄소 등의 온실가스가 너무 많아져서 지구의 기온이 점점 올라가는 현상을 말합니다.

본래 지구에는 온실가스가 어느 정도 존재합니다. 지구는 태양에서 들어오는 에너지를 받아 유지됩니다. 태양에서 오는 열에너지 가운데 일부는 지구 밖으로 방출되지만, 그중 일부는 이산화탄소 등의 온실가스에 저장되었다가 다시 지구 바깥으로 나가지요. 온실가스 덕분에 지구가 어느 정도 따뜻한 기온을 품고 열평형이 유지된답니다.

그런데 산업혁명 이후 지난 200여 년에 걸친 인간의 경제활동으로 지구의 열평형 유지에 문제가 생겼습니다. 또한 20세기 들어 산림을 무분별하게 벌채하면서 온실가스를 흡수할 나무들이 사라지고 있습니다. 이 때문에 대기 중에 이산화탄소가 급격히 증가하는 것으로 추정됩니다.

지구온난화 때문에 2021년을 기준으로 지구의 평균기온이 산업혁명 이전보다 $1.1°C$ 높아졌다고 합니다. $1.1°C$의 기온 상승은 이미 먼 곳에 있는 북극의 빙하나 알프스의 만년설을 녹이는 데서 그치지 않습니다. 지구의 열평형이 깨지는 바람에 전 세계 곳곳이 기후변화로 인한 몸살을 앓고 있습니다. 호주에서는 2019년부터 2020년 2월까지 전 국토에 걸쳐 1만 5000건의 산불이 나서 남한 면적의 약 2배에 가까운 22만 제곱킬로미터를 태웠습니다. 2021년에는 미국·캐나다 등 북미 지역에서 폭염이 이어졌지요. 독일에서는 180명 이상의 사망자를 낸 대홍수가 났고, 중국에서는 사흘 동안 600밀리미터가 넘는 비가 쏟아졌습니다.

기후변화 문제가 심각해지면서 전 세계 국가들은 힘을 합쳐야 한다는 사실을 깨달았습니다. 1997년에는 온실가스 배출을 줄여 지구온난화 문제를 해결하기 위해 선진국에 의무를 부여하는 '교토의정서'를 채택했고, 2015년에는 선진국과 개발도상국이 모두 파리에 모여서 '파리기후변화협약'을 맺었습니다.

파리기후변화협약의 목표는 산업화 이전에 대비해 지구의 평균 온도 상승을 2℃보다 훨씬 아래로 유지하고, 나아가 1.5℃로 억제하기 위해 애쓴다는 것입니다. 지구 온도가 2℃ 이상 오르면 폭염·한파 등 인간이 감당할 수 없는 자연재해가 발생하는데, 1.5℃로 억제하면 그나마 생태계 유지나 인류의 건강, 경제성장에 대한 위험이 2℃일 때보다 크게 감소한다고 해요. 그래서 2050년까지 탄소중립을 이루기로 한 겁니다. 탄소중립이란 화석연료 연소나 수송 등 인간 활동에 따른 이산화탄소 배출량을 최대한 줄이고, 숲을 되살리고, 탄소 제거 기술 등을 활용해서 이산화탄소 흡수량을 늘림으로써 실질 배출량을 0으로 만드는 것을 말합니다.

각 나라들은 '자발적 감축'을 위해 노력하겠다고 약속했습니다. 국가마다 온실가스 감축 목표를 세우고, 약속을 잘 지키고 있는지 5년마다 점검을 받습니다. 스스로 목표를 정하고 일종의 숙제 검사를 받는 셈이지요. 우리나라도 2016년 11월 3일에 파리기후변화협약을 비준했습니다.

문제는 기후변화와 관련해 모든 국가의 뜻이 하나로 모이지 않는다는 겁니다. 특히 선진국과 개발도상국 사이의 갈등이 심해지고 있지요. 탄소중립에도 돈이 들어가고, 경제적 이익과 손해가 갈리기 때문입니다. 선진국은 개발도상국이 온실가스 감축 의무를 똑같이 져야 하는데 왜 가만히 있느냐고 주장합니다.

개발도상국은 억울하다고 항변합니다. 온실가스를 줄이고 탄소중립을 이루려면 개발도상국은 풍력발전에 필요한 터빈을 수입하고 저탄소 기술을 도입해야 합니다. 당장 그런 기술을 갖추고 있는 나라는 선진국뿐입니다. 개발도상국 처지에서는 이 모든 기술을 도입하는 데 돈이 들어가기 때문에 부담이 크지요. 더구나 산업혁명 이후 화석연료를 바탕으로 경제발전을 이루어 풍요를 누리고 개발도상국을 식민지로 만들어 가난을 대물림하게 만든 장본인은 선진국인데, 그 책임과 부담을 똑같이 져야 하느냐며 원망할 수밖에 없습니다.

파리기후변화협약은 환경과 경제 문제에 중요한 협약이긴 하지만 한계가 있습니다. 강제성이 없고 의견이 분분하다는 점입니다. 그러나 곰곰이 짚고 넘어가야 할 측면이 있습니다. 이제 기후변화가 경제에도 큰 영향을 미칠 것이 분명하기 때문입니다. 어느 국제컨설팅 회사가 조사해 보고한 바에 따르면, 기후변화를 방치할 경우 앞으로 50년간 세계경제가 약 178조 달러(약 22만 4000조 원)에 이르는 엄청난 피해를 볼 수 있다고 합니다.

해수면이 높아지면 농업용 토지, 도시의 토지가 물에 잠기고 이 때문에 농업과 도시 발전이 가로막힐 수 있습니다. 뿐만 아니라 폭염과 홍수, 가뭄이 심해지면서 농산물 수확량이 줄어들어 식량 위기로 이어질 가능성이 큽니다. 기후변화로 산불을 비롯한 자연재해가 일어나면 그 피해를 복구하는 데도 돈이 들어갑니다.

위의 보고서 작성자는 전 세계 국가들이 화석연료를 하루빨리 퇴출하고 온난화를 1.5도°C 이내로 제한하면 30년 안에 산업혁명과 맞먹는 수준의 변화가 나타나 세계경제에 큰 도움을 줄 거라고 전망하기도 했지요. 말하자면 기후변화 문제에 어떻게 대처하느냐에 따라 세계경제의 미래가 달라지리라는 것을 알 수 있습니다. 따라서 파리기후변화협약에서 시작된 과제를 전 세계가 모두 협력해 해결해야 한다는 결론이 나옵니다.

오늘의 경제 키워드

❖ **지구온난화** 산업혁명 이후 이산화탄소, 메탄 등 인위적으로 배출된 온실가스가 늘어나서 장기간에 걸쳐 지구 지표면의 평균기온이 상승하는 것.

❖ **파리기후변화협약** 산업화 이전에 견주어 지구 평균 온도가 2°C 이상 상승하지 않게 온실가스 배출량을 단계적으로 줄이자는 취지에서 전 세계 195개국이 맺은 협약. 2015년 파리에서 열린 유엔기후변화협약 당사국총회에서 결정되었다.

쿠엔틴 마시스의 <환전상과 그의 아내>

♡ ○ ◁

그림에서 남성은 저울로 조심스럽게 동전의 무게를 재고 있다. 옆에 앉은 그의 아내는 성경 책을 읽다가 남편의 작업을 넌지시 살펴보고 있다. 이 남성은 무엇을 하는 중일까?

화가 쿠엔틴 마시스는 서유럽이 중세에서 근대로 넘어가는 시기, 지금의 네덜란드에 있는 안트베르펜이라는 도시에 살았다. 무역이 발달한 이곳에는 거래를 위해 유럽 각지에서 온 상인들이 저마다 자기 나라에서 쓰는 화폐를 가져왔다. 각각 다른 화폐로는 거래하기가 어렵기 때문에 각 화폐의 가치를 측정해 이 지역에서 쓸 수 있는 돈으로 바꿔주는 환전상이라는 직업이 생겼다. 환전상들은 상인이나 일반인에게 돈을 빌려주고 이자를 받는 일도 했다. 금융업의 시작이었다.

#환율 #고정환율제 #변동환율제 #환율

환율이 달러당 1962원을 기록한 날

....

1달러가 1900원을 넘은 시절이 있었다고요?

16세기 초에 네덜란드로 모여든 상인들은 환전하기 위해 환전상을 찾아가야 했지만, 21세기를 사는 우리는 은행으로 갑니다. 은행에서 환전해줄 때는 화폐를 일일이 저울에 재거나 가치를 비교할 필요가 없습니다. 나라 전체에 통용되는 환율을 시시각각 확인할 수 있으니까요.

환율은 우리나라 화폐와 다른 나라 화폐의 교환비율입니다. 한마디로 외국 돈을 살 때 치러야 하는 가격입니다. 달러당 환율이 1000원이라는 말은 1달러를 살 때 1000원을 주어야 한다는 뜻이고, 유로 환율이 1500원이라는 말은 1유로의 가격이 1500원이라는 뜻입니다. 쉽게 말해 외국 돈을 살 때 우리 돈으로 치르는 가격이라고 보면 됩니다. 환율을 표시할 때는 보통 외국 돈 1단위당 원화의 금액(원/$. 원/€등)으로 표시합니다.

시장에서 공급자와 수요자가 만나 상품가격이 정해지는 것처럼, 환율도 외환시장에서 수요와 공급에 따라 가격이 정해집니다. 달러를 사려는 사람(수요)보다 팔려는 사람(공급)이 많으면 달러 값이 떨어지고, 반대로 사려는 사람이 팔려는 사람보다 많으면 달러 값이 올라가는 식이지요.

우리나라 경제 사정이나 우리나라에 투자하는 외국 투자자들의 선택에 따라 환율이 달라지기도 합니다. 만약 우리나라의 경제전망이 밝고 투자하기 좋은 곳이라 생각하면 달러를 한국 돈으로 바꾸어 투자하려는 사람이 늘어납니다. 이 경우에는 달러의 공급이 많다 보니 외국 돈의 가격이 떨어지지요. 반대로 우리나라가 매력적인 투자처가 아니라고 생각할 경우, 외국인 투자자들은 바꿔놓았던 원화를 내놓고 달러를 다시 사들여 가지고 나갑니다. 이럴 때는 환율이 오릅니다.

우리나라에서 달러 환율이 파격적인 수치를 기록한 날이 있었습니다. 우리나라의 환율이 달러당 1962원을 기록한 1997년 12월 23일입니다. 2023년 8월 현재 1달러가 1300원대에서 움직이는 걸 보면 비싼 가격임을 알 수 있지요.

그런데 환율이 한 나라의 경제에 워낙 큰 영향을 끼치는 까닭에

환율을 특정한 값에 고정해놓거나 변동 폭을 제한해놓는 경우도 있습니다. IMF 외환위기 이전까지만 해도 우리나라는 환율 변동 폭을 2.5%로 제한해두고 있었습니다. 그런데 우리나라의 경제전 망이 밝지 않다고 생각한 해외 투자자들이 투자금을 회수하면서 한국 돈을 외국 돈으로 바꾸니 환율이 끝도 없이 치솟았습니다. 정 부가 외환보유고 달러를 시장에 풀어 해결해보려고 했지만 불가능 했습니다. 어떻게 조치해도 환율시장이 제대로 움직이기 어려워지 자 정부는 12월 16일 환율 변동 폭을 없앴는데, 불과 7일이 지나 달 러 환율이 1900원을 넘어선 겁니다.

이처럼 환율은 한 나라 경제 상황의 영향을 받기도 하고, 반대로 큰 영향을 주기도 합니다. 환율 변화에 따라 수출과 수입, 국민들 의 해외여행이나 유학, 외국에서 돈을 버는 이들의 소득 등이 달라 지지요. 2022년에는 달러의 힘이 강해지면서 원/달러 환율이 1500 원 가까이 오른 적이 있습니다.

이렇게 달러 가치가 올라가면 해외여행을 가는 사람들이나 미국 에서 유학하는 학생들이 울상을 짓습니다. 해외여행이나 해외 생 활의 수준이 변함없어도, 비싸진 달러 때문에 지출이 더 커지기 때 문입니다.

반대로 수출하는 사람들에게는 환율상승이 희소식일 수 있습니 다. 우리나라에서 수출하는 품목의 가격이 저렴해지기 때문입니다. 예를 들어 우리나라에서 120만 원에 팔리는 TV를 수출한다면, 1달러가 1000원일 때는 해외에서 1200달러에 팔립니다. 그러나 달러당 환율이 1200원으로 올라가면 해외에서는 1000달러로 가격이 내려갑니다. 그러면 가격경쟁력이 생겨서 예전보다 더 많이 팔릴 가능성이 높습니다. 보통 환율이 오르면 이렇게 수출이 늘고, 반대로 해외에서 들여오는 물건의 값은 올라 수입이 줄어듭니다. 이런 식으로 환율변동은 수출업자와 수입업자, 우리나라의 제조업체, 소비자에게 전반적으로 큰 영향을 끼칩니다.

외국과 무역을 활발히 하고 세계경제가 맞물려 돌아가는 오늘날, 예컨대 원화를 얼마만큼의 외화와 교환할 수 있느냐에 따라 우리나라 화폐의 가치가 달라지고, 이에 따라 개인이나 기업의 희비가 엇갈립니다. 우리가 환율에 촉각을 곤두세우는 이유입니다.

오늘의 경제 키워드

❖ 환율 우리나라 화폐와 다른 나라 화폐의 교환비율. USD 1 = 1200원과 같이 표시한다.

❖ 고정환율제와 변동환율제 고정환율제도는 정부가 환율을 일정 범위 내로 고정함으로써 환율 안정을 도모하는 제도이다. 반면 변동환율제도는 환율을 외환시장의 수요와 공급에 따라 자유로이 결정되게 하는 환율제도이다.

12월 25일 크리스마스

12월 25일은 예수님의 탄생을 축하하는 날입니다. 서양에서는 많은 나라들이 크리스마스 전후부터 새해까지 긴 휴가를 보내기도 하지요. 사랑하는 이들과 함께 휴식을 즐기는 사람들, 산타클로스의 선물을 기대하는 아이들의 모습을 볼 수 있는 시기입니다.

월스트리트의 산타. 산타랠리는 크리스마스를 전후한 연말과 새해 초에 주가가 강세를 보이는 현상을 말한다.

크리스마스와 연말의 흥겨운 분위기는 주식시장으로 이어지기도 합니다. 크리스마스에 시작해서 이듬해 초반까지 주식가격이 오르는 현상이 나타나는데, 이것을 산타랠리santa rally라고 합니다. 랠리는 정해진 구간을 자동차로 달리는 경기를 말하지요. 신나게 자동차 경주를 하듯 연말에 주식의 흐름이 상승세를 달리는 것을 산타랠리라고 표현한 것입니다.

단순히 즐거운 분위기 때문에 산타랠리가 나타나는 것은 아닙니다. 연말이 되면 상여금(보너스)을 주는 회사가 많습니다. 주머니가 두둑해지니 그만큼 소비가 늘고, 매출이 커지니 기업의 이윤이 증가하지요. 기업 실적이 발표되고 주식투자자들에게 배당금(주식 소유자에게 주는 회사의 이익 분배금)이 지급될 때라 이에 대한 기대감도 있습니다. 이렇게 들썩이는 분위기가 각국의 주식상승으로 이어지는 겁니다. 1950년 이후 산타랠리가 80%의 확률로 나타났다는 분석도 있습니다.

그러나 연말마다 꼬박꼬박 주가가 신나게 올라가지는 않습니다. 주식가격은 대부분 당시의 경기에 따라 좌우

되기 때문입니다. 소비가 위축되고 기업의 판매도 활발하지 않아 주가가 좀처럼 오르지 않고, 산타랠리가 나타나지 않는다는 실망감과 암울한 미래 예측으로 주식시장이 더욱 침체되는 때도 있습니다.

　미국 금융시장의 중심지인 월스트리트에는 "만약 산타가 오는 데 실패하면 뉴욕 증권거래소에는 곰들이 올 수 있다"라는 유명한 말이 있습니다. 곰은 행동이 느리고 발톱을 위에서 아래로 할퀴는 동물입니다. 이 때문에 자산가치가 위에서 아래로 떨어지는 주식시장의 침체기를 베어마켓bear market이라고 합니다. 연말에 산타랠리의 기쁨이 찾아오지 않으면 주식시장의 침체기가 오랫동안 이어질 수 있다고 경고하는 표현인 셈입니다.

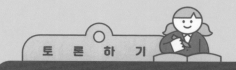
최저임금 대폭 인상, 약일까 독일까?

시간당 최저임금의 변화

사회자 최저임금은 노동자가 기업에서 받는 최소한의 금액을 말합니다. 매년 최저임금위원회에서 최저임금을 정할 때마다 각계각층의 반응이 갈립니다. 그 금액이 얼마인가에 따라 노동자와 사용자(기업, 고용주)의 희비가 엇갈리기 때 문입니다. 특히 코로나19 팬데믹 이후 경기가 나빠지고 물가가 오르면서 최저 임금을 크게 올려야 하는지를 놓고 의견이 분분합니다. 오늘은 이 문제에 대한 찬반 의견을 들어보겠습니다. 최저임금 인상에 반대하는 김유지 씨부터 말씀해 주시지요.

김유지 코로나19 사태 이후로 몇 년째 경기가 좋지 않습니다. 이렇게 좋지 않은 분위기에서 최저임금을 올리면 기업이나 자영업자들은 모두 힘들어집니다. 최저임금을 인상하면 노동자들의 생활수준이 당장 나아질 듯 보이지만, 그것도 잠깐에 불과해요. 가뜩이나 경기가 나쁜데 더 큰 부담을 주어 기업까지 무너지면 일자리가 줄어들어 결국 노동자에게 더 큰 피해가 오니까요.

유미래 김유지 님의 말씀에 동의하지 않아요. 경기가 침체되는 이유가 뭘까요? 상품이 팔리지 않기 때문인데, 소비자들의 주머니에 충분한 돈이 없는 탓에 상품이 팔리지 않는 겁니다. 최저임금을 올려서 사람들의 소득을 올려주면 그만큼 소비할 수 있는 여유가 생깁니다. 덕분에 상품 구매와 투자가 활발해져서 경기도 좋아질 수 있지요.

김유지 최저임금을 올린다고 해서 과연 경기가 좋아질까요? 코로나19 사태 이후로 우리나라 경기가 침체되고 수출이 줄어든 데다 물가는 오르고 있습니다. 이런 상황에서 최저임금을 인상하면 시중에 돈이 많이 풀려 소비가 늘고 물가만 오릅니다. 물가가 오르면 노동자들의 삶의 질은 오히려 떨어질 수 있지요.

유미래 물가가 오르면 그만큼 최저임금을 올리는 게 당연한 일 아닐까요? 물가가 오를수록 경제적으로 어려운 처지에 놓인 노동계층을 보호해야 합니다. 최저임금제를 단순히 '경기 살리기' 측면에서만 바라보면 안 됩니다. 경제적 약자 처지에 놓인 파트타이머나 저임금노동자들의 삶의 질을 보장해주는 제도라는 점을 잊어서는 안 되겠죠.

김유지 파트타이머나 저임금노동자를 말씀하셨는데, 최저임금을 대폭 올리는 것이 과연 이들을 위한 제도가 맞을까요? 경기가 침체된 상태에서 최저임금까지 올리면 기업의 부담이 너무 커져 결국 고용을 줄입니다. 해고하기 쉬운 저임금노동자나 파트타이머들의 일자리를 빼앗는 결과를 불러올 수 있습니다.

유미래 최저임금 인상이 고용에 그렇게까지 큰 영향을 미칠까요? 미국에서 최저임금 인상과 패스트푸드점에서 일하는 10대들의 고용이 얼마나 관계있는지 분석해보았습니다. 최저임금 인상으로 10대 고용이 감소했다는 증거가 거의 없다는 결론이 나왔어요.

김유지 그건 외국의 경우 아닙니까. 그리고 자꾸 기업 이야기를 하시는데, 자영업을 하는 분들의 상황도 지나쳐서는 안 됩니다. 우리나라 전체 취업자 중 자영업자는 2019년 기준으로 24.6%를 차지합니다. OECD 기준 여섯 번째로 높은 비율이죠. 최저임금을 인상하면 특히 치킨집, 피자집, 편의점 등을 운영하는 자영업자들의 부담이 커집니다. 자영업자들이 문을 닫거나 직원을 고용하지 않고 가족끼리 운영할 가능성이 높아지지요. 그러면 그 피해가 고스란히 노동자들에게 돌아갑니다.

유미래 자영업자들의 어려운 상황이 근본적으로 최저임금제 때문인가요? 최저임금제는 영세자영업자와 고용인 사이의 싸움이 아닙니다. 예를 들어 프랜차이즈 편의점이 어려워진다면 본사에서 인건비의 일부를 지원해줄 수 있는 일 아닌가요? 대기업이나 건물주 등이 가져가는 부의 일부라도 제대로 나눌 수는 없는 건가요? 자영업자들이 힘들어진다는 이유로 최저임금 대폭 인상을 막으면 을과 을의 싸움을 부추길 뿐입니다. 사회의 부가 갑에 해당하는 대기업 위주로 불공정하게 분배됐기 때문인데 말입니다.

사회자 두 분 말씀 잘 들었습니다. 최저임금을 대폭 인상하는 데 찬성하는 유미래 씨는 최저임금이 사회적 약자의 생계를 보호하며 경제에도 긍정적인 효과를 준다고 말씀하셨습니다. 반대하는 김유지 씨는 최저임금제가 오히려 물가상승을 불러오고 일자리를 줄여 경제에 좋지 않은 영향을 미친다고 말씀하셨고요. 최저임금 대폭 인상이 경제에 어떤 영향을 줄지 더 많은 조사와 연구가 필요하다고 생각합니다. 오늘 두 분 말씀 감사합니다.

본문 도판 저작권